Vorwort

Was hat der Sonnenkönig Louis XIV mit dem betonten Personalpronomen zu tun? Und Edith Piaf mit der Verneinung? Welchen Zusammenhang gibt es zwischen Blanche Neige (Schneewittchen) und dem Superlativ?
Ganz einfach: Gehen Sie mit uns auf sprachliche Entdeckungsreisen. Die **P**ower **G**rammatik **F**ranzösisch bestärkt Sie in Ihrem Vorhaben, sich mit den wichtigsten Grammatikthemen selbstständig und ohne fremde Hilfe zu beschäftigen. Die **PGF** unterstützt Sie wirkungsvoll bei der Aneignung neuer Grammatik. Sie lässt Sie noch sicherer werden in dem, was Sie bereits wissen und können.

Im Mittelpunkt steht das Funktionieren der französischen Sprache in Gesprächs- und Lesesituationen. Kreuzworträtsel, alltägliche Begebenheiten mit überraschenden Wendungen, kurze Geschichten mit gelegentlich krimihaftem Ende, Chansontexte und Gedichte, Wortspielereien und aussagekräftige Illustrationen machen die Übungen, die nicht aus isolierten Einzelsätzen bestehen, sondern jeweils einen thematischen Zusammenhang haben, abwechslungsreich und interessant.

Verstehen - lernen - anwenden ist das Leitmotiv dieser Grammatik. Der übersichtliche Aufbau jedes Kapitels fördert die inhaltliche Auseinandersetzung mit dem Grammatikthema. Dazu dienen die tabellenbegleitenden Hinweise (z.B. Vergleiche mit der deutschen Sprache, Besonderheiten in Aussprache und Schreibung, Aussagen zum tatsächlichen Sprachgebrauch) und Fragen. Nehmen Sie sich bitte für deren Beantwortung Zeit. Durch Beobachten und Nachdenken gelangen Sie oft zu eigenen Regelfindungen. Ihr Langzeitgedächtnis wird es Ihnen danken.

Die 42 Kapitel werden auf ein bis zwei Seiten präsentiert, gefolgt von ein bis zwei Seiten Übungen. Der Lösungsschlüssel hilft Ihnen, Ihre Antworten zu überprüfen. Das alphabetisch geordnete Stichwortverzeichnis dient dem raschen Auffinden grammatischer Begriffe.

Haben Sie inzwischen den Bezug zwischen Blanche Neige und dem Superlativ herausgefunden? Falls Sie die Antwort nicht schon beim ersten Nachschlagen finden: Inhaltsverzeichnis und Stichwortverzeichnis sind wahre Fundgruben.

Ihr Autorenteam und die Redaktion wünschen Ihnen viel Spaß!

trois **3**

Inhalt

Seite

1	Die Verben avoir · être · aller	7
2	Unbetonte und betonte Personalpronomen	
	Le pronom personnel et le pronom personnel tonique	10
3	Bestimmter und unbestimmter Artikel	
	L'article défini et l'article indéfini	14
4	Einzahl und Mehrzahl	
	Le singulier et le pluriel	16
5	Verben auf –er + appeler · acheter · préférer	20
6	Die Verneinung	
	La négation	24
7	Die Befehlsform der Verben auf –er	
	L'impératif	28
8	Der Fragesatz	
	La phrase interrogative	30
9	Verben auf –ir	34
10	Ortspräpositionen	
	Les prépositions de lieu	38
11	Verben auf –re	42
12	Verben auf –oir	46
13	Die Befehlsform (2)	50
14	Der Teilungsartikel	
	Le partitif	52
Test 1		56
15	Reflexive Verben	
	Les verbes réfléchis	58
16	Das Adjektiv (1)	
	L'adjectif	62
17	Das Adjektiv (2)	66
18	Der Demonstrativbegleiter	
	L'adjectif démonstratif	68
19	Der Possessivbegleiter	
	L'adjectif possessif	70
20	Der unbestimmte Begleiter tout	
	L'adjectif et le pronom indéfini tout	74
Test 2		76
21	Nahe Zukunft und nahe Vergangenheit	
	Le futur proche et le passé récent	78

4 quatre

22	Die einfache Zukunft	
	Le futur simple	82
23	Passé composé (1)	86
24	Passé composé (2)	90
25	Das Imperfekt	
	L'imparfait	94
26	Passé composé oder imparfait	98
27	Das Plusquamperfekt	
	Le plus-que-parfait	102
28	Adverbien	
	Les adverbes	104
29	Der Vergleich des Adjektivs	
	Le comparatif de l'adjectif	108
30	Der Superlativ des Adjektivs	
	Le superlatif de l'adjectif	110
31	Vergleich und Superlativ des Adverbs und des Substantivs	114
32	Die direkten Objektpronomen le, la, les	
	Les pronoms complément d'objet direct le, la, les	118
33	Die indirekten Objektpronomen lui, leur	
	Les pronoms complément d'objet indirect lui, leur	122
34	Die Objektpronomen me, te, se, nous, vous	
	Les pronoms complément d'objet me, te, se, nous, vous	126
35	En	130
36	Y	132
37	Die Stellung der Objektpronomen	
	La place des pronoms personnels compléments	134
38	Le conditionnel présent	138
39	Bedingungssätze mit «si»	
	Le conditionnel + si	142
40	Relativpronomen	
	Les pronoms relatifs	144
41	Indirekte Rede	
	Le discours indirect	148
42	Subjonctif	152
Test 3		158
Lösungsschlüssel		161
Stichwortverzeichnis		177

cinq **5**

avoir · être · aller

Es gibt Wörter, an denen Sie nicht vorbeikommen. Wörter, die so wichtig sind, dass Sie von ihnen träumen sollten. Ohne sie geht nichts. Deshalb stehen avoir, être und aller am Anfang der Übungsgrammatik und begleiten Sie bis zum Schluss, dann freilich als alte Bekannte, denen Sie gerne begegnen werden.

avoir ist übrigens eines der ältesten Wörter der französischen Sprache und verdient auch deshalb Ihre besondere Pflege und Zuneigung.
Allez, à vous maintenant. Frei übersetzt: Jetzt geht's los!

Tabelle 1

avoir	
J'	ai deux enfants.
Tu	as un chien ?
Il	
Elle	a un passeport.
On	
Nous	avons un chat.
Vous	avez 40 ans ?
Ils / Elles	ont chaud.

Tabelle 2

être	
Je	suis Belge.
Tu	es Français ?
Il	
Elle	est optimiste.
On	
Nous	sommes à Paris.
Vous	êtes de Berlin ?
Ils / Elles	sont secrétaires.

Tabelle 3

aller	
Je	vais bien.
Tu	vas à Bruxelles ?
Il	
Elle	va en France.
On	
Nous	allons au Canada.
Vous	allez au théâtre.
Ils / Elles	vont à la piscine.

Noch ein Hinweis: Mit Hilfe von avoir, être und aller können Sie andere Zeiten bilden, z. B. mit avoir und être das passé composé (▶23+24) und mit aller das futur proche (nahe Zukunft) (▶21).

Merke: Im Französischen **hat** man x Jahre (auf dem Buckel).

sept **7**

Übungen

1 Setzen Sie die konjugierten Verbformen an die richtigen Stellen:

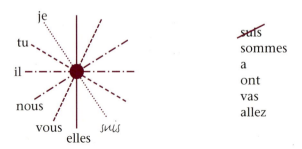

~~suis~~
sommes
a
ont
vas
allez

2 Wenn Sie folgende Aufgabe richtig bearbeiten, geben Ihnen die grauen Felder, waagerecht gelesen, Informationen über untenstehende Person.

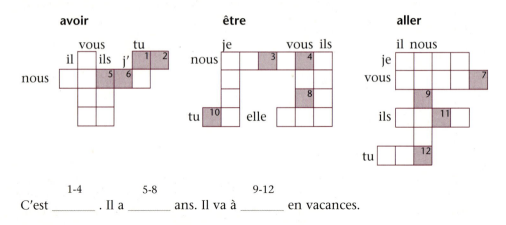

     1-4   5-8   9-12
C'est _____ . Il a _____ ans. Il va à _____ en vacances.

3 Setzen Sie die passenden Formen von *être* ein.
Es geht um eine Partnersuche.

Vous _____ libre ou bien – excusez-moi – toi, tu _____ libre pour nous ? Tu _____ optimiste, dynamique, positif ? Alors, téléphone-moi ! Je _____ seule avec mes 3 enfants. Leur père _____ au Canada avec une autre femme. Les enfants _____ tristes sans père, et moi, je _____ triste sans partenaire.

4 **Hier folgt die Antwort. Für Sie geht es um die Formen von *avoir*.**

Chère Madame,

Merci pour l'annonce sympa. Moi aussi, j'_____ 3 enfants. Paul _____ 14 ans,
Mélanie et Yvonne _____ 10 ans. Leur mère est également au Canada avec un
autre homme – votre mari ? Nous _____ 2 chiens.
Vous _____ , pardon, tu _____ déjà une idée pour samedi ? Sinon, je t' invite
au restaurant. D'accord ? Téléphone-moi au numéro 01.34.74.39.14.

5 **Man will sich treffen. Setzen Sie die passenden Formen von *aller* ein.**

Au téléphone :

● Bonjour, c'est Elise. Je téléphone à propos de l'invitation.

◆ Ah, bonjour Elise. Je suis Robert. Alors, on _____ au restaurant, samedi ?

● Oh, samedi, je ne peux pas. Je _____ à Bordeaux, chez ma mère. Les enfants
_____ chez des amis, mais peut-être dimanche ? Nous _____ au cinéma. Il y a
un festival. Si vous voulez, on y _____ ensemble ?

◆ C'est bon, et après le film, vous _____ au restaurant avec nous, d'accord ?

● D'accord !

◆ Tu _____ à quel cinéma ?

● Au Rex. Le film commence à 17 h.

◆ Bon, à dimanche – et merci.

Häufig werden die Formen ils *🐝* ont und ils sont verwechselt. Das kann unan-
genehm sein. Ils ont hat ein stimmhaftes s wie in Vase/vase, ils sont ein stimmloses wie in Klasse/classe. Deshalb hier nun eine Übung, die Ihnen dabei helfen
wird, die Verwechslung zu vermeiden. ont oder sont? Das ist hier die Frage.

6 **Au festival.**

Robert, Elise et les enfants _____ au festival. Ils _____ la chance d'assister à
plusieurs spectacles. Ils _____ les billets depuis une semaine. Toutes les vedettes[1]
du cinéma et du théâtre _____ là. Mélanie et Yvonne _____ tristes. Les autres
_____ au festival, mais elles, elles _____ au lit. 7. Elles _____ la grippe.

Lesen Sie die Sätze jetzt bitte laut.

---

[1] Filmstars

neuf **9**

2 Unbetonte und betonte Personalpronomen

L'Etat, c'est moi !

(Der Staat bin ich.)

Louis XIV (*1638 – †1715), (roi 1643 – 1715)

Versailles

Kann man entschiedener auf die Bedeutung der eigenen Person hinweisen als der „Sonnenkönig"? Im Französischen gibt es dafür eigene Pronomen, die betonten Personalpronomen. Es gibt also zwei verschiedene Pronomen. Hier die Übersicht:

Tabelle 1

auf Deutsch	auf Französisch			
unbetont / betont	unbetont: immer mit einem Verb!			betont
ich / ich	je	suis musicien, j'aime l'opéra	c'est	moi
du / du	tu	es optimiste	c'est	toi
er / er	il	parle anglais	c'est	lui
sie / sie	elle	a 10 ans	c'est	elle
wir / wir	nous	adorons le bleu	c'est	nous
ihr / ihr, Sie / Sie	vous	êtes architecte(s)	c'est	vous
sie / sie, männlich	ils	habitent à Paris	ce sont	eux
sie / sie, weiblich	elles	parlent français	ce sont	elles

Gute Nachricht: Vier betonte Personalpronomen sind im Französischen identisch mit den unbetonten! Welche?

j' steht vor a, e, i, o, u, y und vor stummem h: J'aime l'opéra, j'habite à Nancy.
Sie haben es bestimmt bemerkt: vous kennzeichnet gleichzeitig die deutsche Höflichkeitsform **Sie** und das deutsche **ihr**. Vous avez compris ?
il kann ein unpersönliches Personalpronomen sein: il pleut = es regnet,
s'il vous plaît = bitte (wörtlich: wenn es Ihnen gefällt).
In der gesprochenen Sprache wird nous sehr oft durch on ersetzt:
On va au cinéma ? = Nous allons au cinéma ?

Tabelle 2

Die betonten Personalpronomen	stehen:
1 – Je suis Allemand/e. Et toi ? Et vous ? – Moi / Nous aussi.	– im Satz ohne Verb
2 – Moi, je vais au cinéma ce soir. Et vous ? – Nous, on reste à la maison.	– das unbetonte Personalpronomen je, tu, il, usw. wird durch das betonte verstärkt.
3 Ce livre n'est pas à moi. Il est à toi ? / à vous ? 4 Pierre part en vacances avec eux. Tu pars aussi avec lui ?	– nach Präpositionen: à, avec, sans, chez…
5 C'est lui, le chef. 6 Ce sont elles, les secrétaires du chef.	– nach c'est… / ce sont…

Übersetzen Sie die Beispiele 1 – 6. Welche Wörter betonen Sie im Deutschen besonders?

Tabelle 3

ich auch, ich auch nicht, ich schon …		Zustimmung	Widerspruch
bejahte Aussage	Je prends un café. Et toi ?	Moi aussi.	Moi pas.
verneinte Aussage	Je ne prends pas de café. Et toi ?	Moi non plus.	Moi si.

Maintenant, le / la spécialiste des pronoms personnels, c'est vous !

Übungen

2

1 Wovon ist die Rede? Manchmal sind mehrere Antworten richtig.

Il est très bon.
- ▨ les films   ✘ le café   ▨ la discothèque   ▨ la confiture

1. Elle est bien organisée.
   - ▨ la fête   ▨ la conférence   ▨ le congrès   ▨ les vacances

2. Ils sont très gentils.
   - ▨ Pierre et Paul   ▨ les Duval   ▨ Roméo et Juliette   ▨ les sœurs Picard

3. Elles sont excellentes.
   - ▨ les salades   ▨ la viande   ▨ les oranges   ▨ Robert et Marielle

4. Il regarde la télé avec nous.
   - ▨ Anne-Marie   ▨ le chat   ▨ Claudine et Hubert   ▨ M. Curieux

2 Ergänzen Sie in den folgenden Dialogen *je / j'*, *tu* oder *vous*.

1. ● Bonjour, ça va ?

   ◆ Merci, ça va. ＿＿ m'appelle Yves.

   ● Moi, je m'appelle Tine.

   ◆ Comment ?

   ● Tine.

   ◆ ＿＿ es Allemande ?

   ● Oui, ＿＿ suis de Berlin.

   ◆ Ah, ＿＿ habites la capitale!

2. ● Bonjour, Madame. ＿＿ vous présente M. Gomez. M. Gomez – Mme Bauer.

   ◆ Oh! ＿＿ êtes allemande n'est-ce pas ?

   ▼ Oui, ＿＿ habite à Cologne. Et vous, ＿＿ êtes certainement Espagnol ?

   ◆ ＿＿ habite à Barcelone. ＿＿ êtes ici en vacances ?

   ▼ Non, ＿＿ travaille dans une agence de voyage.

3 Les frères et la sœur se disputent : Setzen Sie fehlende Pronomen.

Jules :   Maman, Max triche[1] !

Max :   Non, c'est ＿＿＿＿ qui triche. ＿＿＿＿ , ＿＿＿＿ joue bien.

Mère :   Alors Jules, c'est ＿＿＿＿ qui triche ou c'est ＿＿＿＿ ?

Jules :   C'est ＿＿＿＿ ! C'est clair !

Mère :   ＿＿＿＿ , ＿＿＿＿ ne le sais pas. Ou alors c'est peut-être vous deux ?

Nadine : Maman, tu sais ＿＿＿＿ , ＿＿＿＿ se disputent toujours.

―――――
[1] mogelt

Jules :	Maman, n'écoute pas Nadine, _____ , _____ triche aussi.
Mère :	Mais alors, _____ , _____ trichez tous !
Nadine :	_____ , _____ trichent toujours et _____ , _____ triche
	seulement quand je perds !
Jules et Max :	Non, _____ , _____ trichons pour la première fois !

4 Setzen Sie die fehlenden betonten Personalpronomen ein.

- Allô ?
- Salut, Michèle, c'est _____ ?
- Oui, c'est _____ .
- Ecoute, tu as déjà des projets de vacances ?
- Oui et non, je veux aller en Suisse avec Robert mais _____ , il travaille et n'a pas le temps. Alors, je demande à ma fille, mais _____ , elle part en classe de neige dans le Jura. Et _____ , tu as une idée ?
- Oui, j'ai des amis à New York, Etienne et Jeanne. Ils viennent en France dans deux semaines. On échange[1] nos appartements. Ils vont habiter chez _____ et _____ , je vais habiter chez _____ à New York. Si tu veux, _____ , tu peux venir avec _____ . Ça t'intéresse, New York ?
- Mais oui, ça m'intéresse ! Bien sûr que je vais avec _____ !

5 Wie denken Sie darüber? Antworten Sie mit *moi aussi, moi pas, moi non plus, moi si.*

J'aime travailler	_____
mais j'aime aussi aller en vacances.	_____
Je ne vais pas en montagne	_____
et je ne vais pas à la mer.	_____
Je préfère la campagne.	_____
Le matin, je fais les courses	_____
et après je prends l'apéritif au café.	_____
A midi, je ne mange pas beaucoup	_____
et je ne fais pas la sieste.	_____
Je visite la région à vélo	_____
et je cherche un bon restaurant	_____
pour le dîner.	

_____
[1] tauschen

treize

3 Bestimmter und unbestimmter Artikel

Zuerst die gute Nachricht: Da es im Französischen nur männliche und weibliche Artikel gibt, haben Sie immer eine 50 %-Chance, richtig zu liegen.

Achtung! Leider entsprechen die französischen Artikel nicht immer den Artikeln im Deutschen. Deshalb sollten Sie beim Vokabellernen den richtigen Artikel immer **gleich mitlernen**.

Tabelle 1

Einzahl	unbestimmter Artikel	bestimmter Artikel
männlich	Je cherche un restaurant. Il y a un hôtel par ici ?	Le restaurant d'en face est très bon. Oui, l'Hôtel Impérial.
weiblich	Une autre assiette, s.v.p. Une chambre pour 4 personnes.	L'assiette est sale. C'est la chambre n° 2.

Vor Vokal (a, e, i, o, u) und stummem h: – un / une werden gebunden.
– le / la werden zu l'.

Tabelle 2

Mehrzahl	unbestimmter Artikel	bestimmter Artikel
männlich	On va chez des amis ?	Les bistrots sont déjà fermés.
weiblich	Tu achètes des canettes de coca ?	Les bouteilles de vin sont vides.

Vor Vokal und stummem h werden les und des gebunden. Des wird nie übersetzt.

Wie Sie sehen, bietet das Französische beim unbestimmten Artikel mal wieder etwas Besonderes. Im Gegensatz zum Deutschen muss auch in der Mehrzahl immer ein Artikel stehen, nämlich des. Tische sind also des tables, Hotels sind des hôtels.

Mit dem falschen Artikel kann es Ihnen passieren, dass Sie etwas ganz anderes ausdrücken, als Sie eigentlich sagen wollten. La vase heißt Schlamm, le vase heißt die Vase.

Ein paar Tipps: weibliche Substantive: männliche Substantive:
Endung –tion, (la nation)   Endung –aire (un anniversaire)
Endung –e (meistens weiblich) Endung –ment (le monument)

(bestimmter Artikel vor Ländernamen: ▶10)

Übungen

1 Tragen Sie die folgenden Wörter waagerecht in die richtigen Raster ein. Zur Erleichterung steht die Anzahl der Buchstaben neben den jeweiligen Kästchen.

3: clé   4: lits - vase   5: barbe - danse - taxis   6: dîners - garage - public - visite
7: bagages   8: assiette - chansons - diplômes   9: chaussure - promenade
11: restaurants

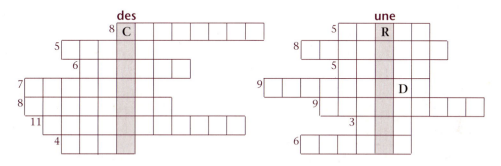

Was fällt Ihnen auf, wenn Sie die französischen Artikel mit den deutschen vergleichen?

2 Setzen Sie in der Werbung für die Stadt Salins de Giraud die fehlenden bestimmten und unbestimmten Artikel ein.

Salins de Giraud se trouve dans _____ Delta du Rhône. C'est _____ ville de 3.000 habitants en plein cœur de _____ Camargue sauvage[1]. A 10 km de Salins de Giraud, il y a de chaque côté de _____ route, _____ kilomètres de sable fin. C'est _____ plage naturelle la plus grande de Méditerrannée.

Venez visiter _____ fêtes locales en été : _____ 14 juillet, _____ courses camarguaises tous les jeudis avec _____ spectacles dans _____ arènes.

Il y a _____ commerces traditionnels qui sont à votre disposition au village, et aussi _____ hébergements, _____ restaurants, _____ banques et _____ marchés.

Profitez de _____ visite guidée des Salines du Midi pour _____ groupes.

Informations : tél. ....

---
[1] Wilde Camarque

4 Einzahl und Mehrzahl

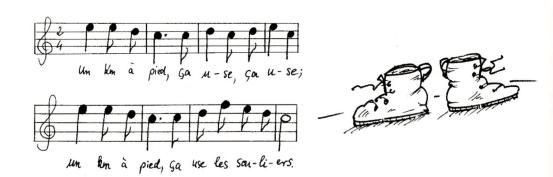

Un kilomètre à pied, ça use¹, ça use; un kilomètre à pied, ça use les souliers.²
Deux kilomètres à pied, ça use, ça use...
Trois kilomètres à pied...   (Wanderlied)

[1] Ça use : das nutzt ab
[2] les souliers : die Schuhe

Ihre Schuhe bleiben heil und Sie machen trotzdem Riesen(fort)schritte. Jetzt wissen Sie, was Sie benötigen, wenn Sie Ihre Meilensteine oder andere Dinge in die Mehrzahl setzen wollen?

Richtig! Ein Plural–s.

Regel 1
Mehrzahl = Einzahl + –s

Außerdem ändert sich – wie im Deutschen – der Artikel:

Tabelle 1

	Einzahl	Mehrzahl
bestimmter Artikel	le soulier la chaussure	les souliers les chaussures
unbestimmter Artikel	un kilomètre	des kilomètres

Im Deutschen gibt es keinen unbestimmten Mehrzahlartikel:
des chaussures – *Schuhe*

Das Mehrzahl–s von les und des hört man nur, wenn das folgende Wort mit einem Vokal (a, e, i, o, u) oder stummen h anfängt.

Das ist logisch und einfach zugleich!

16 *seize*

Die französische Sprache ist abwechslungsreich. Ein paar Ausnahmen werden hier angegeben:

Tabelle 2

Einzahl	Mehrzahl	Einzahl	Mehrzahl
le pastis	les pastis	le bureau	les bureaux
le gaz	les gaz	l' animal	les animaux
la croix[1]	les croix	le cheveu	les cheveux

Regel 2

Einzahl	Mehrzahl
-s	-s
-x	-x
-z	-z
-eau	-eaux
-eu	-eux
-al	-aux

Sicherlich ist es für Sie jetzt kein Problem mehr, die Mehrzahl zu bilden von:

le bus _____   le tableau _____

le choix _____   le journal _____

le nez _____   le feu[2] _____

Sie wissen schon: Im Französischen ist es höflicher, nicht nur Bonjour, sondern Bonjour, Madame/Monsieur/Mademoiselle zu sagen. Was aber, wenn mehrere Herren oder Damen anwesend sind?

Tabelle 3

Einzahl	Mehrzahl
monsieur	messieurs
madame	mesdames
mademoiselle	mesdemoiselles

---
[1] Kreuz
[2] Feuer

dix-sept **17**

Übungen

4

1 Welches Wort passt nicht in die Reihe?

1. immeuble - châteaux - maison - villa
2. fraises - pommes - poire - abricots
3. revue - magazine - journaux - brochure

2 Verbinden Sie die französischen Redewendungen mit den passenden deutschen. Achtung! Vorher überprüfen Sie bitte, ob alle Endungen im Französischen richtig sind:

a. La nuit___, tous les chat___ sont gris.

b. Les petits cadeau___ entretiennent l'amitié___ .

c. Les goût___ et les couleur___ ne se discutent pas.

d. nager entre deux eau___

e. se reposer sur ses laurier___

f. Les mur___ ont des oreille___ .

g. se battre contre des moulin___ à vent___

h. se coucher avec les poule___

i. s'arracher les cheveu___

j. bâtir des château___ en Espagne

k. Les jeu___ sont faits.

1. Luftschlösser bauen

2. sich die Haare ausreissen

3. Nachts sind alle Katzen grau.

4. Die Würfel sind gefallen.

5. Über Geschmack lässt sich nicht streiten.

6. gegen Windmühlen kämpfen

7. es sich mit niemandem verderben wollen

8. Die Wände haben Ohren.

9. sich auf seinen Lorbeeren ausruhen

10. mit den Hühnern zu Bett gehen

11. Kleine Geschenke erhalten die Freundschaft.

18 *dix-huit*

3 Chez le bouquiniste

« Vous cherchez ___ livre particulier ? J'ai surtout ___ romans du 18e et 19e siècle.

Voilà ___ très bon roman de Victor Hugo. Là, il y a aussi ___ livres de Zola. Regardez !

Il est un peu abîmé[1]. C'est Germinal. Je vous le fais au prix de 10 €. C'est ___ occa-

sion, Madame. ___ histoire raconte ___ vie d'___ famille de mineurs[2] dans ___ nord

de la France. C'est vraiment très intéressant. »

4 Sie haben diese Seiten gelesen. Deshalb haben Sie nun bestimmt nicht
die gleichen Probleme wie die Sekretärin unserer Sprachenschule.
Finden Sie die richtigen Pluralformen:

Bienvenue dans notre école de langue !

Nous proposons des leçon___ de français le matin de 8 à 12 h. Dans les cours___,

vous rencontrez des personne___ du monde entier. Nous accueillons des Anglais___,

des Américain___, des Japonais___, des Chinois___ etc. Cela veut dire que votre

langue commune est le français et vous allez le parler toute la journée.

A midi, vous pouvez prendre vos repas___ dans les restaurant___ universitaires de la

ville.

L'après-midi, il y a toutes sortes d'activité___. Visitez la ville et la région. En ville, il

y a des cathédrale___, des musée___, des parc___, des café___, des magasin___ . Les

bus___ n° 87 et 75 relient tous les lieu___ intéressants.

Dans la région, visitez les château___ entourés d'eau. Des bateau___ vous y

conduisent toutes les heure___ .

L'inscription à nos cours___ vous permet l'utilisation de tous les terrain___ de sport

de la ville. Il y a des parcours___ de santé[3], des court___ de tennis et des stade___ de

football.

Pour toute information adressez-vous à nos bureau___ 1 rue Napoléon et 14 rue

des Palmiers, tél …

---

[1] abgegriffen, schmuddelig
[2] Bergleute
[3] Trimm-dich-Pfade

dix-neuf **19**

5 Verben auf –er
+ appeler · acheter · préférer

Freuen Sie sich: 90% der französischen Verben sind regelmäßig und enden auf –er. Bis auf aller (▶1). In diesem Kapitel beschäftigen wir uns mit der Gegenwart. Gehen Sie bei der Konjugation eines Verbs immer vom Infinitiv aus: z. B. aimer, adorer, préférer. Wie ein Infinitiv gebildet ist, sehen Sie in der Zeichnung:

Stamm	Endung
aim	er
appel	er

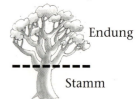

Tabelle 1

parler			aimer		
je	parl	e	j'	aim	e
tu	parl	es	tu	aim	es
il / elle / on	parl	e	il / elle / on	aim	e
nous	parl	ons	nous	aim	ons
vous	parl	ez	vous	aim	ez
ils / elles	parl	ent	ils / elles	aim	ent

🐟 = ein stummes e, d. h. das e wird nicht ausgesprochen.
Vergessen Sie auch die Bindung 🦟 nicht, der letzte Konsonant wird zum nächsten Vokal hinüber gezogen und ausgesprochen, z. B. [vuzɛme].

Jetzt können Sie sagen, wie man die Gegenwart bildet: Man fügt an den Verbstamm die richtige Endung hinzu. Die Präsensendungen sind immer dieselben.
Konjugieren Sie écouter:

Tabelle 2

appeler			jeter		
J'	appell	e	je	jett	e
tu	appell	es	tu	jett	es
il / elle / on	appell	e	il / elle / on	jett	e
nous	appel	ons	nous	jet	ons
vous	appel	ez	vous	jet	ez
ils / elles	appell	ent	ils / elles	jett	ent

Der Konsonant (l, t) wird verdoppelt (ll, tt) vor einem stummen e. Ebenso: épeler

20 vingt

Tabelle 3

préférer			acheter			sécher		
je	préfèr	e	j'	achèt	e	je	sèch	e
tu	préfèr	es	tu	achèt	es	tu	sèch	es
il / elle / on	préfèr	e	il / elle / on	achèt	e	il / elle / on	sèch	e
nous	préfér	ons	nous	achet	ons	nous	séch	ons
vous	préfér	ez	vous	achet	ez	vous	séch	ez
ils / elles	préfèr	ent	ils / elles	achèt	ent	ils / elles	sèch	ent

e und é werden zu è vor einem stummen e.
Ebenso: espérer, répéter, mener

Tabelle 4

commencer			manger		
je	commenc	e	je	mang	e
tu	commenc	es	tu	mang	es
il / elle / on	commenc	e	il / elle / on	mang	e
nous	commenç	ons	nous	mange	ons
vous	commenc	ez	vous	mang	ez
ils / elles	commenc	ent	ils / elles	mang	ent

ç wird geschrieben vor a, o, u, um den Laut [s] zu behalten.
e wird hinzugefügt vor a, o, u, um den Laut [ʒ] zu behalten.
Ebenso: placer, avancer, voyager, nager

Tabelle 5

payer			payer			essuyer		
je	pay	e	je	pai	e	j'	essui	e
tu	pay	es	tu	pai	es	tu	essui	es
il / elle / on	pay	e	il / elle / on	pai	e	il / elle / on	essui	e
nous	pay	ons	nous	pay	ons	nous	essuy	ons
vous	pay	ez	vous	pay	ez	vous	essuy	ez
ils / elles	pay	ent	ils / elles	pai	ent	ils /elles	essui	ent

Bei den Verben auf –ayer kann man y behalten oder durch i ersetzen.
Ebenso: essayer
Bei Verben auf –yer wird y durch i vor einem stummen e ersetzt.
Ebenso: envoyer

Wir haben schöne Übungen für Sie vorbereitet, alors on commence !

Übungen

5

1 Une étrange histoire

Un vendredi par mois, ma petite amie et moi, nous nous *retrouver* _____

le soir chez Jean et Alice à Saint-Maur-les-Fossés. Ils *habiter* _____

une maison tout près de la Marne. Ils ont un jardin et un chien : Victor.

Nous *aimer* _____ aller à Saint-Maur. Là-bas, nous *apprécier*

_____ le calme et les promenades au bord de la Marne. Nous *cuisiner*

_____ , nous *manger* _____ ensemble, nous *jouer*

_____ aux cartes, *discuter* _____ des choses de la

vie, de politique et de littérature.

Voilà notre histoire : le temps est mauvais, alors nous *rester* _____

à la maison après le repas, nous *jouer* _____ au Monopoly. Jean est

content : une carte « chance » lui *rapporter* _____ beaucoup d'argent

et il *acheter* _____ plusieurs maisons dans « la rue de la Paix ». Nous

nous *amuser* _____ beaucoup. Tout à coup, Victor *arriver*

_____ . Il *porter* _____ dans la gueule[1] un lapin[2].

Il est mort. C'est le lapin du voisin. Jean a quelquefois des petits problèmes avec lui.

Il *regarder* _____ son chien : c'est la panique. Quelle catastrophe !

J'ai une idée : nous *laver* _____ le lapin, nous le *sécher*

_____ puis le *rapporter* _____ dans son clapier[3].

Le mardi suivant, alors que je ne *penser* _____ plus à cette histoire

le téléphone *sonner* _____ , c'est Jean : « J'ai rencontré mon voisin

hier. Il était entièrement bouleversé[4], une étrange histoire. Mardi dernier son lapin

est mort, il l'a aussitôt enterré mais le lapin *se trouver* _____ de

nouveau dans le clapier. Mon voisin n'*arriver* _____ pas à trouver

une explication à ce mystère[5] ».

Et vous ?

_____

[1] Maul
[2] Kaninchen
[3] Kaninchenstall
[4] völlig durcheinander
[5] Geheimnis

2 Offener Brief eines Jugendlichen an den « ministre du travail et de l'industrie »

5

...Oui, c'est vrai, nous les jeunes, nous nous *chercher*

_____ , nous sommes désorientés,

pessimistes aussi, nous *essayer* _____

de faire des études très longues. Mais ça ne nous

apporter _____ rien. Nous *penser*

_____ que l'école nous *amener*

_____ dans les entreprises : mais rien.

Nous *regarder* _____ avec peur[1] le

chômage[2], le sida[3], la drogue, les risques écologiques,

le futur. Nous *envoyer* _____ des

lettres de demande d'emploi[4]. Nous *espérer*

_____ des réponses. Nous *demander*

_____ du travail mais nous ne *trouver*

_____ rien. Des perspectives ? Nous

les attendons. Où est l'espoir ?

Nous *espérer* _____ une société de

justice, de solidarité et d'égalité. Nous *rêver*

_____ un monde nouveau. Comment y

arriver ? C'est vrai, nous *représenter* _____

la génération salle d'attente. Vous pouvez nous

aider ? ...

---

[1] Angst
[2] Arbeitslosigkeit
[3] Aids
[4] Bewerbungsschreiben

Die Verneinung

Edith Piaf

1915 – 1963

Non, je ne regrette rien..., *Nein, ich bedaure nichts* ist eine Zeile eines Chansons, das Edith Piaf in die Welt schmetterte. Sympathischer kann eine Verneinung nicht klingen. Oder?

Im Gegensatz zum Deutschen besteht in der französischen Sprache die Verneinung meistens aus zwei Elementen. Überzeugen Sie sich selbst:

Tabelle 1

Je	n'	aime	pas	la pluie.
Tu	ne	vas	pas	au cours ?
Il	n'	est	pas	professeur ?
Nous	ne	sommes	pas	Canadiens.
Vous	ne	partez	pas	aujourd'hui ?
Marc et Sophie	ne	sont	pas	là.

Sie wissen es bereits: Beginnt das Verb mit einem Vokal (a, e, i, o, u) oder mit einem stummen h, wird ne apostrophiert: Il n'est pas médecin.

Beschreiben Sie die Stellung der Verneinung ne ... pas. Wo steht das Verb?

Regel 1
ne* + konjugiertes Verb + *pas

An den obigen Sätzen mit Fragezeichen können Sie erkennen, dass Verneinungen auch zum Ausdruck von Verwunderung dienen können. Il ne fait pas froid ? *Es ist nicht kalt?* Sie sehen und hören: Der Ton macht die Musik.

Warum nur nein sagen? Es gibt noch andere Verneinungswörter, die Sie kennen lernen sollten. Hier sind sie:

Tabelle 2

Elle	ne	parle	pas	anglais.	*Sie spricht kein Englisch.*
Nous	ne	travaillons	plus.		*Wir arbeiten nicht mehr.*
Je	ne	vais	jamais	au théâtre.	*Ich gehe nie ins Theater.*
Je	ne	dis	rien.		*Ich sage nichts.*
Elle	ne	connaît	personne	ici.	*Sie kennt niemanden hier.*
Ils	n'	ont	pas de	chat/s.	*Sie haben keine Katze/n.*

Die Verneinung bei un / une / des:

Ils ont un chat ?	– Non, ils **n'**ont **pas de** chat.
Vous avez une amie ?	– Non, je **n'**ai **pas d'**amie.
Tu as des enfants ?	– Non, je **n'**ai **pas d'**enfants.

Vergleichen Sie mit dem Deutschen: kein/keine = pas de.
Ich habe keine Freundin / keine Kinder.

Regel 2
ne + konjugiertes Verb + *pas de* + Nomen ohne Artikel

Tabelle 3

bejaht		verneint	
		ne ... pas	*nicht, kein*
encore	*noch*	ne ... plus	*nicht mehr*
toujours	*immer*	ne ... jamais	*nie, niemals*
quelque chose	*etwas*	ne ... rien	*nichts*
quelqu'un	*jemand*	ne ... personne	*niemand, keiner*
déjà	*schon*	ne ... pas encore	*noch nicht*

Wenn Sie eine Antwort verstärken wollen, sind folgende Ausdrücke für Sie interessant:

Tabelle 4

Vous regardez souvent la télé ?	Non.	*Nein.*
Tu aimes le jazz ?	Non, pas du tout.	*Überhaupt nicht.*
Il n'aime pas le fast-food.	Moi non plus.	*Ich auch nicht.*

Erinnern Sie sich an ▶ **2** ? Sehen Sie sich dort Tabelle 3 an. Jetzt sind Sie über die Verneinung informiert.

Zum Schluss ein Hinweis: In der gesprochenen Sprache, in informellen Situationen, entfällt oft der erste Teil der Verneinung, das ne:

Je ne comprends pas.	➜	Je comprends pas.
Je n'aime pas les mathématiques.	➜	J'aime pas les mathématiques.
Il n'est pas là.	➜	Il est pas là.
Tu n'as pas...	➜	T'as pas...

vingt-cinq **25**

Übungen

6

1 Widersprechen Sie!

Vous êtes secrétaire ? *Non, je ne suis pas secrétaire.*

1. Elle est gentille ? *Non,* _____

2. Elle habite à Kassel ? _____

3. Elle est Allemande ? _____

4. Elle est contente ? _____

5. Elle est directrice de l'université populaire (VHS) ? _____

_____

6. Elle travaille beaucoup. _____

7. Elle parle très bien italien. _____

8. Elle part toujours en vacances en juillet. _____

_____

2 Beantworten Sie die Fragen des Personalchefs von Catherine, die leider alle Fragen verneinen muss:

1. Vous êtes mariée ? _____

2. Vous avez des enfants ? _____

3. Vous travaillez vite ? _____

4. Vous aimez le travail en groupe ? _____

5. Vous parlez anglais ? _____

6. Vous connaissez l'étranger ? _____

_____

7. Vous utilisez l'ordinateur pour votre travail ? _____

_____

8. Vous avez une voiture ? _____

9. Vous commencez à 9 heures le matin ? _____

_____

Bon, alors, moi, je n'ai pas de travail pour vous !

3 **Robert, ein heikler Gast:**

Tu manges quelque chose ? *Non, je ne mange rien.*

1. Alain : Bonjour, entre !

2. Robert : Non, je _____ . Je n'ai pas envie.

3. Alain : Viens, tu prends un café avec nous.

4. Robert : Non, je _____ . Je n'aime pas le café.

5. Alain : Prends quelque chose d'autre.

6. Robert : Non, je _____ .

7. Alain : Tu ne fumes plus ?

8. Robert : Si, je _____ .

9. Alain : Alors, prends une cigarette.

10. Robert : Non, _____ .

    Je n'aime pas tes cigarettes.

11. Alain : On discute ensemble de notre week-end à Paris ?

12. Robert : Non, on _____ . Je ne veux plus partir avec toi.

13. Alain : Alors, tu as raison : n'entre pas. Au revoir !

4 **Hier ist der Brief von Mauricette an Jean-Pierre:**

Schreiben Sie die Antwort von Jean-Pierre, der das Gegenteil von allem behauptet:

Mon chéri,

Je te quitte parce que tu fumes trop, tu bois trop, tu es infidèle, tu arrives toujours en retard, tu travailles le dimanche, tu oublies toujours mon anniversaire, tu ne m'aimes plus.

Adieu. Mauricette.

Ma chérie,

Ne me quitte pas parce que, à partir d'aujourd'hui, je

_____

_____

_____

J'arrive,

Jean-Pierre

Vous regrettez quelque chose ? Edith Piaf peut vous aider !

vingt-sept **27**

7 Die Befehlsform der Verben auf –er

Es ist einfach, Befehle zu geben und auch einfach, den impératif zu lernen.
Es sind dieselben Formen wie in der Gegenwart (indicatif présent) und Sie kennen sie schon lange (▶ 5). Berücksichtigen Sie dabei nur die 1. Person Einzahl (je), die 1. Person Mehrzahl (nous) und die 2. Person Mehrzahl (vous).

Tabelle 1

chanter	manger	commencer	épeler	répéter	aller
chante !	mange !	commence !	épelle !	répète !	va !
chantons !	mangeons !	commençons !	épelons !	répétons !	allons !
chantez !	mangez !	commencez !	épelez !	répétez !	allez !

Was stellen Sie fest?

 Richtig! Die Befehlsform ist ein Teil der Gegenwart: Eine Abweichung gibt es nur bei aller: nicht (je) vais ! sondern va ! Können Sie erklären, warum es vas-y heißt? Sie wissen es gleich, wenn Sie laut lesen.

Regel 1

Befehlsform = Konjugation der Gegenwart ohne Personalpronomen

Im Französischen wird die Befehlsform nicht so oft benutzt wie im Deutschen.
Die französische Mutter sagt: « Tu manges ta soupe ! » und meint die Aufforderung „Iss deine Suppe." Das Kind sagt : « Tu m'aides à manger ? » und meint: „Hilf mir beim Essen." Es klingt für französische Ohren einfach freundlicher!

Die Befehlsform dient in verneinter Form auch dazu, einen Wunsch oder ein Verbot auszudrücken.

Regel 2

ne + **Befehlsform** + *pas*

 Ne pleure pas ! *Weine nicht!*

Alles klar? Alors, commençons les exercices !

Übungen

7

1 Ein junges Paar zankt sich:

Christine : *Ecouter* __écoute__ -moi !

Bernard : *Ne pas parler* _____ tout le temps !

Christine : *Rester* _____ avec moi plus souvent.

Bernard : Alors, *ne plus travailler* _____ au bureau, tu n'es jamais là !

Christine : *Ne pas raconter* _____ d'idioties !

Bernard : *Ne pas crier* _____ !

Christine : *Embrasser* _____ -moi !

Bernard : Non, *préparer* _____ à manger.

Christine : Non, *cuisiner* _____ tout seul !

Bernard : *Ne pas m'énerver* _____ ! C'est ton travail.

Christine : Non, si tu n'es pas content, *aller* _____ chez ta mère !

Bernard : D'accord !

2 Vervollständigen Sie den Zettel dieser Mutter für ihre kleinen Söhne.

« Pierre, Christian, je rentre tard[1] ce soir, alors *manger* __mangez__ tout seuls.

Trouver _____ quelque chose dans le frigo[2]. *Acheter* _____

du pain. *Ne pas pleurer* _____ , je pense à vous. *Ne pas regarder*

_____ la télévision. Si vous voulez, *jouer* _____ au

Scrabble. *Téléphoner* _____ à Mamie[3] Sophie si vous avez peur mais *ne*

pas appeler _____ Mamie Mélanie. Elle n'est pas là. *Préparer* _____

vos affaires pour l'école. Je vous aime et je vous embrasse très fort. Maman »

3 Diese Frau möchte ihren Mann davon überzeugen, nicht in den Urlaub zu fahren, sondern die Tage zu Hause zu genießen:

« Ecoute-moi, Jacques.

Rester __Restons__ ici pour les vacances, *ne pas travailler* _____ ,

ne rien préparer _____ , *manger* _____ au

restaurant, *aller* _____ au cinéma, *regarder* _____ la télé,

jouer _____ aux cartes l'après-midi, *danser* _____ tous les

samedis, *participer* _____ au karaoké et *chanter* _____ ensemble,

parler _____ de nos projets, *rêver* _____ ensemble... à la maison !

C'est d'accord ? Alors, *commencer* _____ nos vacances tout de suite ! »

[1] spät [2] Kühlschrank [3] Oma

vingt-neuf **29**

Der Fragesatz

Sie möchten viel über Land und Leute kennenlernen? Gut gestellte Fragen helfen Ihnen dabei. Deshalb ist dieses Kapitel für Sie von besonderer Bedeutung. Und am Schluss des Kapitels werden Sie wissen, warum auch für die französische Sprache der Satz gilt: Der Ton macht die Musik. D'accord ?

1 Die Gesamtfrage

ist eine Frage, auf die Sie meistens mit „ja, nein, doch, vielleicht" antworten, z. B. „Kommst Du heute abend?" Hier haben Sie im Französischen zwei Möglichkeiten:

Tabelle 1

Fragesatz	Aussagesatz
1. Je suis en retard ? 2. Est-ce que je suis en retard ?	Je suis en retard.

Regel 1
1. **Intonationsfrage: Fragesatz = Aussagesatz.** Durch Anheben der Stimme am Ende des Satzes wird deutlich, dass es sich um eine Frage handelt.
2. ***est-ce que*-Frage:** Vor den Aussagesatz wird einfach *est-ce que* gesetzt.

Diese Fragestellungen sind praktisch und einfach – einfacher als im Deutschen! Sie können sich allerdings auch für eine Frageform entscheiden, die eher dem Deutschen entspricht – die **Inversionsfrage**:

Tabelle 2

Suis-je en retard ?	*Bin ich zu spät?*
Peux-tu venir demain ?	*Kannst du morgen kommen?*

Regel 2
3. **Inversionsfrage:**
Verb + Bindestrich + *je, tu, il, elle, nous, vous, ils, elles*

Wie Sie schon häufig bei den liaisons feststellen konnten, ist der „gute Ton" im Französischen sehr wichtig. Darum soll er auch in diesem Kapitel zum Zuge kommen. Was fällt Ihnen in Tabelle 3 auf?

Tabelle 3

Peut-il aider sa mère ?	A-t-il beaucoup de temps ?
Est-il fâché ?	Regarde-t-elle sa montre ?
Prend-il un café ?	Va-t-on au cinéma ?

Richtig! Es wird ein zusätzliches –t– eingeschoben, um binden zu können.

Regel 3
avoir, aller und Verben auf *–er*: **Verb (3. Pers.) + –t– +** *il, elle, on*

2 Die Teilfrage

Mit einem Fragewort fragen Sie gezielt nur nach einem Teil des Satzes (**Wo** übernachten Sie?), und auch hier haben Sie mehrere Möglichkeiten, von denen Sie einige bestimmt schon kennen:

Tabelle 4

Intonationsfrage (umgangsprachlich)	*est-ce que*-Frage	Inversionsfrage	
Vous venez d'où ?	D'où est-ce que vous venez ?	D'où venez-vous ?	*woher?*
Vous logez où ?	Où est-ce que vous logez ?	Où logez-vous?	*wo?* *Wohin ?*
Vous faites le stage pourquoi ?	Pourquoi est-ce que vous faites le stage ?	Pourquoi faites-vous le stage ?	*warum?*
Le stage se passe comment?	Comment est-ce que le stage se passe ?	Comment se passe le stage ?	*wie?*
Le stage coûte combien ?	Combien est-ce que le stage coûte ?	Combien le stage coûte-t-il ?	*wieviel?*
Vous rentrez quand ?	Quand est-ce que vous rentrez ?	Quand rentrez-vous ?	*wann?*
Vous faites quoi dans la vie ?	Qu'est-ce que vous faites dans la vie ?	Que faites-vous dans la vie ?	*was?*

Regel 4
1. **Aussagesatz + Fragewort**
2. **Fragewort + *est-ce que* + normale Satzstellung**
3. **Fragewort + Verb + Bindestrich + *je, tu, il, elle, nous, vous, ils, elles***

Grundsätzlich kann man sagen, dass die Inversionsfrage eher in gehobener Sprache bzw. in der Schriftsprache benutzt wird. In der Umgangssprache benutzen Franzosen bevorzugt die Intonations- bzw. die est-ce que-Frage.

Sie ahnen es schon: Jetzt kommt noch eine Besonderheit. Ein einziges Fragewort verändert sich in Geschlecht und Zahl, je nachdem, ob es nach etwas Weiblichem oder etwas Männlichem in der Einzahl oder in der Mehrzahl fragt:

Tabelle 5

	männlich	weiblich
Einzahl	Quel est votre nom ?	Quelle est votre adresse ?
Mehrzahl	Quels sont vos loisirs ?	Quelles sont vos préférences ?

Regel 5
***quel* richtet sich in seiner Form nach dem Wort, auf das es sich bezieht.**

trente et un **31**

Übungen

8

1 Christine et Paul au restaurant.
Stellen Sie die passenden Fragen mit *est-ce que*.

Est-ce que ta femme est en vacances ? - Oui, elle est en vacances à Majorque.

1. _____ - Non, elle ne reste pas longtemps,

_____ juste cette semaine.

2. _____ - Non, elle n'aime pas aller seule en

_____ vacances.

3. _____ - Non, je ne pars pas avec elle,

_____ je n'ai pas le temps.

4. _____ - Oui, j'ai beaucoup de travail en ce

_____ moment.

5. _____ - Non, je ne sors pas souvent

_____ quand ma femme n'est pas là.

6. _____ - Non, elle n'est pas jalouse.[1]

7. _____ - Non, je ne sors pas avec d'autres

_____ femmes, seulement avec toi.

Mais moi, je ne compte pas. Je suis sa meilleure amie.

2 Elodie erzählt ihrer Mutter von ihrem neuen Freund.
Die Mutter überschüttet sie mit Fragen.

être Est-il beau ?

1. *être* _____-il gentil ?

2. *travailler* _____-il régulièrement ?

3. *aller* _____-il souvent au bistrot ?

4. *boire* _____-il de l'alcool ?

5. *jouer* _____-il au casino ?

6. *avoir* _____-il une voiture ?

---

[1] eifersüchtig

32 trente-deux

7. *sortir* _____-il souvent avec ses amis ?

8. *faire* _____-il du sport ?

9. *regarder* _____-il souvent la télé ?

10. *partir* _____-il seul en vacances ?

3 **Ergänzen Sie die Fragen und beantworten Sie sie,
wenn Sie dazu Lust haben.**

1. _____ s'appelle le Président de la France ?

2. _____ habite-t-il ?

3. _____ vous connaissez des acteurs français ?

4. _____ régions de France connaissez-vous ?

5. _____ on mange à Marseille ?

6. _____ apprenez-vous le français ?

7. _____ vous aimez la France ?

4 **Ihnen sind im Urlaub in Frankreich leider alle Papiere abhanden
gekommen. Sie gehen zur Polizei und erstatten Meldung. Der Polizist
fragt Sie nach Ihren *coordonnées* – Ihren persönlichen Daten.
Ergänzen Sie mit *quel, quels, quelle, quelles*.**

1. _____ est votre nom ?

2. Vous êtes de _____ nationalité?

3. _____ est votre adresse ?

4. _____ est votre numéro de téléphone ?

5. _____ âge avez-vous ?

6. _____ est votre profession ?

7. Il manque _____ documents?

8. Vous avez _____ cartes de crédit dans votre porte-monnaie ?

9. Votre porte-monnaie est de _____ couleur ?

Vous avez de la chance, Monsieur / Madame. Vos papiers sont là.
Le garçon du café d'en face les a trouvés sur la terrasse. Voilà !

trente-trois **33**

Verben auf –ir

« Partir, c'est mourir un peu.
C'est mourir à ceux qu'on aime… »

«Rondel de l'adieu» Edmond de Haraucourt
(*1856 – †1941)

Sie wissen es schon: ca. 4000 Verben sind regelmäßig und enden auf –er (▶ 7), weitere 400 Verben enden auf –ir, sind ebenfalls regelmäßig und werden nach dem Modell von finir konjugiert.

Betrachten Sie Tabelle 1. Sie werden sehen, wie einfach auch diese Konjugation ist:

Tabelle 1

	finir			grandir			choisir	
je	fin	is	je	grand	is	je	chois	is
tu	fin	is	tu	grand	is	tu	chois	is
il /elle	fin	it	il /elle	grand	it	il /elle	chois	it
nous	fin	issons	nous	grand	issons	nous	chois	issons
vous	fin	issez	vous	grand	issez	vous	chois	issez
ils /elles	fin	issent	ils/elles	grand	issent	ils /elles	chois	issent

Ebenso: rougir, réfléchir, ralentir, bondir…

Wie sieht die Konjugation aus?

 Klar! Sie haben es gesehen, die Endungen im Plural erinnern an die Endungen der Verben auf –er. So lautet die

Regel 1
Stamm des Verbs + Endungen: –is, –is, –it, –issons, –issez, –issent

Nur eine kleinere Gruppe von Verben tanzt aus der Reihe. Wie erkennt man sie?
Einige Verben enden auf –llir, –mir, –rir, –uir, –vir.

Tabelle 2 stellt ein paar Beispiele vor:

Tabelle 2

courir	partir	dormir	servir
je cour s	je par s	je dor s	je ser s
tu cour s	tu par s	tu dor s	tu ser s
il / elle cour t	il / elle par t	il / elle dor t	il / elle ser t
nous cour ons	nous part ons	nous dorm ons	nous serv ons
vous cour ez	vous part ez	vous dorm ez	vous serv ez
ils / elles cour ent	ils / elles part ent	ils / elles dorm ent	ils / elles serv ent

Ebenso : sortir, sentir, mentir...

Die nächste Tabelle zeigt Verben, die von der Regel abweichen, aber trotzdem leicht zu merken sind.

Tabelle 3

tenir / venir	mourir	ouvrir	offrir
je tien s	je meur s	j'ouvr e	j'offr e
tu tien s	tu meur s	tu ouvr es	tu offr es
il / elle tien t	il / elle meur t	il / elle ouvr e	il / elle offr e
nous ten ons	nous mour ons	nous ouvr ons	nous offr ons
vous ten ez	vous mour ez	vous ouvr ez	vous offr ez
ils / elles tienn ent	ils / elles meur ent	ils / elles ouvr ent	ils / elles offr ent

Was stellen Sie fest bei der Betrachtung der Tabellen 2 und 3?

 Ja, es stimmt: Alle Verben haben die Endungen

Regel 2
–s, –s, –t, –ons, –ez, –ent

Ausnahmen sind ouvrir und offrir. Bei ihnen ist es noch einfacher: Sie haben einfach die Endungen der Verben auf –er.

9

Übungen

1 **Setzen Sie das richtige Verb, in der richtigen Form bei diesen feststehenden Ausdrücken ein:**

bondir   rougir   dormir   saisir   réfléchir   courir

1. Il est rapide, il _____ comme un zèbre.

2. Il est toujours fatigué, il _____ comme un loir[1].

3. Elle est timide[2], elle _____ comme une tomate.

4. Je _____ une occasion[3].

5. Il _____ comme un miroir.

6. Nous sommes heureux, nous _____ de joie[4].

2 **Muttertag: la fête des Mères.**

1. Marie   : Maman, tu *dormir* _____ encore ?

2. Maman : Non, Marie, tu me *servir* _____ le petit déjeuner ?

3. Marie   : Oui, mais d'abord, je t' *offrir* _____ les fleurs et le cadeau.
   Bonne fête Maman !

4. Maman : Merci, ma chérie. J' *ouvrir* _____ le cadeau maintenant ou
   je *sortir* _____ de mon lit ?

5. Marie   : Tu *venir* _____ à table. Tu *choisir* _____ du café
   ou du thé ?

6. Maman : Je réfléchir _____ , je choisir _____ plutôt le café.

7. Marie   : Papa t'*offrir* _____ un voyage. Vous *partir* _____
   à la mer toute la journée, et vous *revenir* _____ ce soir et
   moi je *venir* _____ avec vous !

---

[1] Siebenschläfer
[2] schüchtern
[3] eine Gelegenheit ergreifen
[4] springen vor Freude

3 **In der Fahrschule vor dem Führerschein: Der Fahrlehrer gibt Ratschläge.** **9**

Avant de passer le permis de conduire, le moniteur dit :

1. Vous *dormir* _____ bien et vous déjeunez bien.

2. Vous *partir* _____ à l'heure de chez vous.

3. Vous *venir* _____ tranquillement à l'auto-école et

4. vous ne *courir* _____ pas, ça stresse.

5. *Réfléchir* _____ bien avant de répondre aux questions

   de l'inspecteur.

6. Vous *ralentir*[1] _____ au carrefour.

7. Vous *tenir* _____ bien votre droite[2]

8. et après vous *revenir* _____ chez vous avec votre permis de

   conduire.

9. Vous *bondir* _____ de joie.

10. Vous *servir* _____ le champagne à vos amis.

11. Ils vous *offrir* _____ des fleurs.

12. Si vous ne *réussir*[3] _____ pas votre permis,

13. ne *mentir*[4] _____ pas mais

14. *ouvrir* _____ quand même le champagne !

15. Et *revenir* _____ à l'auto-école.

_____

[1] langsamer fahren
[2] Sie halten sich schön rechts
[3] schaffen
[4] lügen

trente-sept **37**

10 Ortspräpositionen

In diesem Kapitel lernen Sie zu sagen, woher Sie kommen und wohin Sie gehen. In der Grammatik ist diese Frage viel einfacher zu beantworten als in der Philosophie. Sehen Sie sich die folgende Tabelle an und Sie wissen gleich, wie es funktioniert:

Tabelle 1

	Wohin? / Wo? – Où ?		Woher? – D'où ?
je vais	à la poste à l' hôtel au bistrot aux toilettes	je viens	de la poste de l' hôtel du bistrot des toilettes

Regel 1

à + le	→	au		de + le	→	du
à + les	→	aux		de + les	→	des
à + l'	→	à l'	vor a, e, i, o, u und stummem h	de + l'	→	de l'

Zuerst die gute Nachricht: Bei Städten ist die Ortspräposition fast immer à bzw. de:
à → Paris, à → Avignon, de ← Lyon, d' ← Evry etc.
Außer: bei Städten, die in ihrem Namen schon einen Artikel haben, z. B.:
Le Havre, Le Mans, Les Sables d'Olonne. Hier wenden Sie einfach Regel 1 an.
Ich fahre nach Le Mans heißt also: Je vais **au** Mans.
Ich komme aus Les Sables d'Olonne: Je viens **des** Sables d'Olonne.

Bei Ländern kommt noch eine kleine Besonderheit hinzu: Erkennen Sie in folgender Tabelle die jeweiligen Unterschiede?

Tabelle 2

Les pays		Où allez-vous ? je vais...		D'où venez-vous ? je viens...	
la	France	en	France	de	France
l'	Italie	en	Italie	d'	Italie
le	Portugal	au	Portugal	du	Portugal
les	Pays-Bas	aux	Pays-Bas	des	Pays-Bas
les	Baléares	aux	Baléares	des	Baléares

Genau! Im Französischen sind einige Länder weiblich, andere männlich; einige wenige stehen in der Mehrzahl.
En Angola, en Iran, en Irak, en Israël: au wird – wegen der besseren Aussprache – zu en vor einem Vokal.

38 trente-huit

Regel 2

Städte:		à	+	Stadt	de	+	Stadt
Länder:	weiblich:	en	+	Land	de	+	Land
	männlich mit Vokal:	en	+	Land	d'	+	Land
	männlich:	au	+	Land	du	+	Land
	Mehrzahl:	aux	+	Land	des	+	Land

Gut zu wissen:
- alle Länder auf –e sind weiblich, außer le Cambodge, le Mexique, le Mozambique
- alle anderen Länder sind männlich;
- Einige Länder stehen immer in der Mehrzahl, z. B. les Etats-Unis, les Pays-Bas.

Es gibt freilich noch andere Ortsangaben als à und de, von denen Ihnen einige bekannt sein dürften.

Tabelle 3

Ils dansent sur le pont.	*auf*
Ils dorment sous le pont.	*unter*
Paul est derrière la porte.	*hinter*
Claire est devant la porte.	*vor*
Claire habite en face de la gare.	*gegenüber*
Marie est chez Paul.	*bei*
Les enfants sont dans la maison.	*in*
Le chien est à côté de la maison.	*neben*
Le chat est loin de la maison.	*weit entfernt*

sur Internet – **im** Internet
La clé est **sur** la porte. – *Der Schlüssel steckt **im** Schloss.* Hätten Sie das vermutet?

Nun bleiben noch die Verkehrsmittel. Dann sind Sie fit.

Tabelle 4

	Verkehrsmittel		
je pars	en	train	*mit dem Zug...*
	en	bus	
	en	voiture	
	en	avion	
	à	vélo	*mit dem Rad*
	à	pied	*zu Fuß*

Der nächste Schritt führt Sie zu den Übungen.

Übungen

10

1 Tagesabläufe

Pierre est ingénieur.

de la	en
au (2x)	à
à la	dans

Céline est secrétaire.

au (2x)	dans la
à la	à l' (2x)

Marc est chauffeur de taxi à Paris.

au	à	en
aux (2x)		à l'
à la (2 x)		

8 h
Il sort __ __ maison.
8.10 h
Il va __ voiture __ Marseille.
Il travaille __ un bureau.
12 h
Il va __ restaurant.
17 h
Il prend l'apéritif __ café.
18 h
Il mange __ __ maison.

7 h
Elle travaille __ __ cuisine.
8 h
Elle dépose les enfants __ __école.
Elle travaille __ __université.
12.30 h
Elle mange __ __ resto-U.
17 h
Elle fait les courses __ supermarché.
18 h
Elle rentre __ __ maison.

10 h
Il va __ __ église de la Madeleine.
11 h
Un passager veut aller __ Versailles.
12 h
Marc va __ Quartier Latin.
13 h
Il va __ Champs Elysées.
14 h
Il va __ __ Gare d'Orsay.
15 h
Il rentre __ __ maison.
19 h
Il va __ avion __ Etats-Unis.

2 Bevor Sie sich am Wettbewerb für folgende Traumreise beteiligen können, setzen Sie die fehlenden Präpositionen und ggf. Artikel ein.

Gagnez au loto ! Le premier prix : un voyage de rêve !

Lundi : Vous allez ____ train ____ Pays-Bas. ____ Amsterdam, vous visitez les canaux ____ bateau.

Mardi : Vous allez ____ train ____ Paris. Là, vous visitez ____ bus les curiosités de la ville et le soir, vous mangez ____ restaurant « La Tour d'Argent » à côté de l'Opéra. Vous passez la nuit ____ hôtel Ritz.

Mercredi : Vous allez ____ avion ____ Madrid, ____ Espagne où vous visitez l'Alhambra. Vous avez la possibilité de faire des achats.

40 *quarante*

Jeudi : Vous allez ____ Portugal où vous passez une journée au bord de la mer. Vous avez une soirée libre ____ Lisbonne.

Vendredi : Vous allez ____ avion ____ Rome où vous vous promenez sur les traces[1] des vieux Romains. Le soir, vous allez ____ théâtre.

Samedi : Vous rentrez ____ maison.

3 a) Lesen Sie die acht Aussagen und füllen Sie die Lücken aus.

1. Une personne voyage ____ vélo, une personne ____ voiture et une personne ____ bus.

2. La vendeuse voyage ____ vélo.

3. Jean-Luc revient ____ Portugal.

4. La secrétaire ne voyage pas ____ voiture.

5. Après son retour ____ Italie, Florence travaille ____ supermarché « Miniprix ».

6. Juliette n'est pas professeur.

7. Une personne revient ____ Pays-Bas.

8. Jean-Luc ne voyage pas ____ bus.

3 b) Mit Hilfe obiger Angaben können Sie nun herausfinden, wer wo Urlaub gemacht hat und welches Verkehrsmittel er/sie benutzt hat.

Name	Beruf	Urlaubsland	Verkehrsmittel

---

[1] auf den Spuren

quarante et un **41**

11 Verben auf –re

« Apprendre sans comprendre, c'est perdre son temps, dire sans écrire, c'est ne pas retenir »

Sind Sie mit uns einverstanden, dass „lernen ohne zu begreifen seine Zeit zu vergeuden" heißt, und „sagen ohne zu schreiben, nichts behalten" bedeutet?

Dieses Kapitel beschäftigt sich mit Verben, die auf –re enden und damit zu den unregelmäßigen Verben gehören. Lassen Sie sich dadurch nicht beirren. Sehen Sie sich genau die Tabelle 1 an:

Tabelle 1	sourire	mettre	vivre
je	souris	mets	vis
tu	souris	mets	vis
il/elle	sourit	met	vit
nous	sourions	mettons	vivons
vous	souriez	mettez	vivez
ils/elles	sourient	mettent	vivent
Ebenso:	rire	promettre	survivre
		soumettre	revivre
		admettre	suivre
			poursuivre

Was stellen Sie fest?

Natürlich: Fast alle Endungen sind trotzdem sehr **regelmäßig** und leicht zu lernen. Sie erinnern sowohl an die Verben auf –er, als auch an die Verben auf –ir. Merken Sie sich:

Regel
Endungen der Verben auf –re → **–s, –s, –t (d), –ons, –ez, –ent**

Bei Verben auf –dre, bleibt « d » stehen ohne « t ».

Tabelle 2	prendre	répondre
je	prends	réponds
tu	prends	réponds
il/elle/on	prend	répond
nous	prenons	répondons
vous	prenez	répondez
ils/elles	prennent	répondent
Ebenso:	entreprendre	entendre
	surprendre	rendre
		vendre
		descendre

42 *quarante-deux*

Bei manchen Verben können sich Buchstaben zwischen Stamm und Endung schieben:

Tabelle 3	boire	écrire	connaître	croire	conduire
je	bois	(j') écris	connais	crois	conduis
tu	bois	écris	connais	crois	conduis
il/elle/on	boit	écrit	connaît	croit	conduit
nous	buvons	écrivons	connaissons	croyons	conduisons
vous	buvez	écrivez	connaissez	croyez	conduisez
ils/elles	boivent	écrivent	connaissent	croient	conduisent

Ebenso:		décrire	reconnaître		construire
			paraître		réduire

Eine Abweichung zeigen die häufig benutzen Verben faire und dire bei der
2. Person Mehrzahl:

Tabelle 4	faire	dire
je	fais	dis
tu	fais	dis
il/elle/on	fait	dit
nous	faisons	disons
vous	faites	dites
ils/elles	font	disent

Ebenso:	défaire	interdire
	refaire	redire

Wie Sie festgestellt haben, werden Verben aus der gleichen Familie gleich konjugiert. Es ändert trotzdem nichts daran, dass Sie diese Verben lernen müssen. Folgende Übungen helfen Ihnen dabei.

Übungen

1 Wie lautet der Infinitiv von ...?

1. buvons → _____
2. connaît → _____
3. dites → _____
4. mets → _____
5. vis → _____

6. répondent → _____
7. faites → _____
8. prenons → _____
9. ris → _____
10. font → _____

2 A l'agence matrimoniale. Die Suche nach dem richtigen Mann.

Beantworten Sie folgende indiskreten Fragen der Ehevermittlung:

1. Vous dites toujours la vérité ?
   Oui, je dis toujours la vérité. / Non, je ne dis jamais la vérité.

2. Vous faites bien la cuisine ?

   _____

3. Vous mettez des jeans ?

   _____

4. Vous buvez du vin ?

   _____

5. Vous prenez la pilule[1] ?

   _____

6. Vous vivez seule ?

   _____

7. Vous croyez en Dieu ?

   _____

8. Vous connaissez Victor Hugo ?

   _____

Wenn Sie die Fragen 1., 2., 6., 7., 8. mit oui und auch die Fragen 3., 4., 5. mit non beantwortet haben, dann sind Sie für unsere Agentur die Richtige! Ansonsten melden Sie sich bitte woanders an!

───────
[1] die Pille nehmen

44 *quarante-quatre*

3 Setzen Sie die richtige Form des Verbs ein.

Elisabeth ist Krankenschwester. Heute kommt sie zu spät zur Arbeit.

Elisabeth *vivre* _____ pour son métier.
Elle est infirmière dans un hôpital. Ce matin, elle
descendre _____ vite l'escalier, elle
perdre _____ son porte-monnaie, le
retrouve. Chez le pâtissier, elle *prendre*
_____ un croissant pour la pause. Elle
conduire _____ très vite. A l'hôpital,
elle *mettre* _____ sa blouse blanche.
Le chef l'*attendre* _____ , il *sourire*
_____ et ne *dire* _____
rien. Il *connaître* _____ Elisabeth
depuis longtemps. – « Je suis désolée », *dire*
_____ -elle. Ses collègues *répondre*
_____ tous : « Bon anniversaire
Elisabeth ! » Elle *répondre* _____ :
« Oh, je *reconnaître* _____ que j'avais
oublié[1] ». Une collègue lui *tendre* _____
des fleurs, elle *défaire* _____ le papier.
Ce sont des roses. Les collègues lui *faire*
_____ la bise. Elisabeth *sourire*
_____ , *rire* _____ .
Ils *boire* _____ un verre de champagne !
Maintenant, ils *reprendre* _____ le
travail car les malades *attendre* _____ .

_____
[1] ich hatte vergessen

quarante-cinq **45**

12 Verben auf –oir

« Impossible » n'est pas français : quand on veut, on peut !

Es gibt nicht viele Verben auf –oir, sie kommen aber häufig vor. Wir können sie in verschiedene Gruppen einordnen und so lassen sie sich wunderbar auswendig lernen.

Tabelle 1

pouv**oir**	voul**oir**
je peu **x**	je veu **x**
tu peu **x**	tu veu **x**
il/elle/on peu **t**	il/elle/on veu **t**
nous pouv **ons**	nous voul **ons**
vous pouv **ez**	vous voul **ez**
ils/elles peuv **ent**	ils/elles veul **ent**

pouvoir : „können" im Sinne von „tatsächlich in der Lage sein, etwas zu tun".
→ Je **peux** te conduire chez le coiffeur.
Ich kann dich zum Frisör fahren.

im Sinne von „dürfen" → Je **peux** ouvrir la fenêtre ?
Darf ich das Fenster aufmachen?

um eine Bitte zu äußern → Vous **pouvez** me donner un Kleenex ?
Können Sie mir ein Tempo geben?

Tabelle 2

v**oir**	s'asse**oir** (2 Konjugationen möglich)	
je voi **s**	je m'assied **s**	je m'assoi **s**
tu voi **s**	tu t'assied **s**	tu t'assoi **s**
il/elle/on voi **t**	il/elle/on s'assie **d**	il/elle/on s'assoi **t**
nous voy **ons**	nous nous assey **ons**	nous nous assoy **ons**
vous voy **ez**	vous vous assey **ez**	vous vous assoy **ez**
ils/elles voi **ent**	ils/elles s'assey **ent**	ils/elles s'assoi **ent**

Ebenso: revoir, prévoir, entrevoir

Tabelle 3

savoir			devoir			recevoir		
je	sai	s	je	doi	s	je	reçoi	s
tu	sai	s	tu	doi	s	tu	reçoi	s
il/elle/on	sai	t	il/elle/on	doi	t	il/elle/on	reçoi	t
nous	sav	ons	nous	dev	ons	nous	recev	ons
vous	sav	ez	vous	dev	ez	vous	recev	ez
ils/elles	sav	ent	ils/elles	doiv	ent	ils/elles	reçoiv	ent

Ebenso: décevoir, concevoir, percevoir

savoir : „wissen" und können im Sinne von „wissen wie es geht, weil man es gelernt hat"
→ Je **sais** nager, conduire.
Ich kann schwimmen, Auto fahren.

devoir : müssen, sollen → On **doit** apprendre à conduire avant de passer son permis.
Man muss Auto fahren lernen, bevor man den Führerschein macht.

ne pas devoir : nicht dürfen → On **ne doit pas** boire quand on conduit.
Man darf nicht trinken, wenn man Auto fährt.

devoir : schulden → Je vous **dois** combien ?
Wie viel bin ich Ihnen schuldig?

Was stellen Sie fest, wenn Sie sich die Tabellen ansehen?

Richtig! Die Endungen sind Ihnen schon bekannt.

Regel 1
–s, –s, –t/d, –ons, –ez, –ent   **oder**   –x, –x, –t, –ons, –ez, –ent

Ein Verb sollten Sie noch kennen: falloir → il faut. Es wird nur unpersönlich gebraucht, in der 3. Person (es muss, man muss):

Regel 2
il faut + **Infinitiv** → Boire ou conduire, **il faut** choisir.
Trinken oder fahren: Man muss sich entscheiden.

Il faut savoir les verbes par cœur pour pouvoir faire les exercices suivants !
Vous devez donc les apprendre. Vous allez voir comme c'est facile.

quarante-sept **47**

Übungen

1 Alain est secrétaire.

1. Le matin, il *s'asseoir* _____ à son bureau et met son ordinateur en marche.

2. Il *pouvoir* _____ tout de suite commencer à travailler.

3. C'est un excellent secrétaire. Il *savoir* _____ bien se servir de son P. C.

4. Il *savoir* _____ utiliser toutes les fonctions.

5. Tous les jours, il *recevoir* _____ une vingtaine de lettres.

6. Aujourd'hui, il *devoir* _____ écrire trois lettres en allemand.

7. Il *savoir* _____ bien que sa journée va être longue.

8. Il *voir* _____ tous les rendez-vous sur son agenda : ça le déprime.

9. Il ne *pouvoir* _____ pas partir de bonne heure.

10. Il ne *devoir* _____ pas penser à ça sinon

11. il ne *pouvoir* _____ plus travailler.

2 Apprendre à conduire. Ergänzen Sie die Sätze mit dem richtigen Verb in der richtigen Form: *il faut (2x), pouvoir (3x), vouloir (2x)*.

1. Pierre : C'est cher d'apprendre à conduire ?

2. Pascal : Oui, _____ prendre beaucoup de leçons.

3. Pierre : C'est dommage, on ne _____ pas apprendre avec un copain. _____ aller à l'auto-école.

4. Pierre : Non, tu _____ apprendre avec ton père.

5. Pascal : Super, on _____ apprendre avec ses parents.

6. Pierre : Ça s'appelle la conduite accompagnée.

7. Pascal : Sur quelle voiture _____ -tu apprendre ?

8. Pierre : Je _____ apprendre sur une Twingo.

48 *quarante-huit*

3 Übersetzen Sie die Nachricht von Monika:

> Liebe Simone,
> Wir können heute nicht kommen, wir müssen zum Arzt gehen. Ich weiß, dass du morgen schwimmen (gehen) willst. Ich kann aber gar nicht schwimmen. Wir können auch nicht mit in die Kneipe kommen, mein Freund hat Grippe.
> Monika

4 vouloir / pouvoir / savoir / devoir

1. Je … passer chez toi, ce soir ?
2. Pour aller au Louvre, vous … prendre le métro.
3. Jeanne … aller en voiture si elle veut.
4. Marc et Nadine … préparer le dîner s'ils le veulent.
5. Je … faire mes devoirs avant d'aller à la disco.
6. A Paris, M. et Mme Barre … visiter la Tour Eiffel.
7. Tu … nager ?
8. Vous … rentrer à 8 h, les enfants !
9. Tu … te lever à 7 h demain matin.
10. Je … regarder le western, ce soir.
11. Vous … prendre un apéritif, Monsieur ?
12. Paul … faire la vaisselle. C'est son tour, aujourd'hui.
13. Nous … bien faire du ski.
14. Je … bien faire du tennis.
15. Malheureusement, nous … travailler demain matin.
16. Paul et Fabienne … faire les courses, parce que je n'ai pas le temps.
17. Marie … peindre.
18. Vous … bien danser, Madame.
19. Où est-ce que tu … aller en vacances ?
20. Est-ce qu'ils … jouer aux boules ?
21. Jean a téléphoné. Il … passer chez nous, ce soir.
22. Nous … prendre le train, si tu veux.
23. Nous … aller au cinéma, demain soir.
24. Yves et Paul … faire leurs devoirs avant d'aller à la fête.

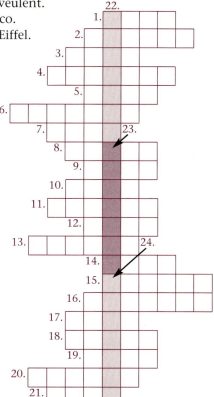

Die Befehlsform (2)

« Lève-toi et marche ! »

heißt es in der Bibel. Soweit brauchen Sie bezüglich der Befehlsform nicht zurückzugehen, allenfalls in das Kapitel 7 dieser Grammatik in dem Sie Wissenswertes über die Bildung der Befehlsformen nachlesen können. Jetzt wollen wir Sie mit der Befehlsform der restlichen Verben vertraut machen. *Soyez curieux !*

Tabelle 1

	finir	tenir	prendre	boire	s'asseoir
(je)	finis !	tiens !	prends !	bois !	assieds-toi !
(nous)	finissons !	tenons !	prenons !	buvons !	asseyons-nous !
(vous)	finissez !	tenez !	prenez !	buvez !	asseyez-vous !

Regel
Befehlsform = Konjugation der Gegenwart ohne Personalpronomen

Besonders interessant sind die Befehlsformen der Verben avoir, être, savoir und vouloir. Sie stammen aus dem subjonctif présent ▶ 42. Wenn Sie sich diese Formen jetzt einprägen, fällt Ihnen der subjonctif später noch leichter.
Ayez confiance !

Tabelle 2

avoir	être	savoir	vouloir
aie !	sois !	sache !	(veuille !)
ayons !	soyons !	sachons !	veuillons !
ayez !	soyez !	sachez !	veuillez !

Seien Sie mit Befehlen vorsichtig. Die folgenden Übungen zeigen Ihnen, wie penetrant der erhobene moralische Zeigefinger wirken kann.

Alors, allez-y maintenant !

Übungen

13

1 La mère accompagne son fils à la gare et lui dit :

écouter le haut-parleur → *Écoutons le haut-parleur.*

1. *préparer* ton billet _____
2. *lire* les panneaux indicateurs _____
3. *passer* par le passage souterrain _____
4. *attendre* le train _____
5. *aller* sur le quai _____
6. *ouvrir* la portière doucement _____

2 La mère donne des conseils à son fils :

manger trop. → *Ne mange pas trop.*

1. *dormir* pendant le voyage _____
2. *avoir* peur tout seul _____
3. *gêner* les autres voyageurs _____
4. *oublier* tes bagages _____
5. *courir* dans le couloir _____
6. *être* en retard _____
7. *sortir* ta tête par la fenêtre _____

3 Les conseils de l'agent SNCF[1] :

réfléchir, prendre directement le train. → *Ne réfléchissez pas, prenez directement le train.*

1. *avoir* peur d'un accident, *lire* les statistiques _____
2. *attendre, composter* votre billet maintenant _____
3. *prendre* votre voiture, *prendre* le TGV[2]. _____
4. *rester* chez vous tout seul, *partir* en voyage avec nous _____
5. *dormir* à votre place, *venir* dans nos wagons-lits.

_____

[1] Société Nationale des Chemins de fer Français
[2] train à grande vitesse

cinquante et un **51**

14 Der Teilungsartikel

Für den Teilungsartikel gibt es ein ganz einfaches Rezept: Gehen Sie vom Deutschen aus, es klappt fast hundertprozentig. Sehen Sie sich die Zeichnung an. Der Chef sagt: „Bringen Sie mir Butter, Margarine und Öl".

Sie sehen: Butter, Margarine und Öl stehen im deutschen Satz in der **Einzahl** und **ohne** Artikel. Im Französischen steht du (= de + le), de la und de l' vor dem Substantiv. Wenn das französische Wort männlich ist, steht du, wenn es weiblich ist, steht de la und wenn das Wort mit Vokal oder stummem h anfängt, steht de l'.

Regel 1
Auf Deutsch: Substantiv in der Einzahl und ohne Artikel
➔ *du, de la, de l'* **im Französischen**

Was passiert, wenn das deutsche Wort in der Mehrzahl steht?
„Bringen Sie mir Möhren!"   ➔   « Apportez-moi **des** carottes ! »
Sie kennen schon die Antwort: es steht des, so einfach ist das!

Tabelle 1	männlich			weiblich		
Einzahl	Je bois *Ich trinke*	du	café. *Kaffee.*	Vous avez *Haben Sie*	de la	limonade ? *Limonade?*
	On prend *Trinken wir*	de l'	alcool ? *Alkohol?*	Il veut *Er will*	de l'	eau minérale. *Mineralwasser haben.*
Mehrzahl	Vous prenez *Nehmen Sie*	des	frites ? *Pommes?*	Il y a *Gibt es*	des	oranges ? *Orangen?*

Der Teilungsartikel wird **nicht** übersetzt.

Merken Sie sich: « avec du lait, sans lait »
avec **mit** Artikel, sans **ohne** Artikel, das kann man sich gut merken!

Regel 2
Auf Deutsch: Substantiv in der Mehrzahl ohne Artikel
➔ *des* **im Französischen**

Und wenn Sie eine Menge angeben möchten, was müssen Sie dann sagen?
« Un peu de beurre, beaucoup de margarine, un litre d'huile ».
Klar! Der Artikel verschwindet und es bleibt nur de. Egal, ob die Menge genau angegeben wird oder nicht. So gilt die

Regel 3
Mengenangabe + de + Substantiv ohne Artikel

Mengenangaben sind z. B. auch:

Tabelle 2

(un) peu de	wenig	100 grammes de	100 Gramm
beaucoup de	viel	une tranche de	eine Scheibe
trop de	zu viel	un litre de	ein Liter
assez de	genug	un morceau de	ein Stück
un kilo de	ein Kilo	combien de	wie viel / wie viele

Der arme Azubi hatte keine Butter, keine Margarine, kein Öl und überhaupt keine Möhren mehr:

« Je n'ai pas de beurre, pas de margarine, pas d'huile, plus de carottes ! »

Sie haben es längst verstanden:
Bei der Verneinung braucht man ebenfalls keinen Artikel mehr.

Regel 4
               ne … pas   de / d'
Verneinung = ne … plus   de / d' + **Substantiv ohne Artikel**
               ne … jamais de / d'

Tabelle 3

Vous buvez du vin ?	Non, je ne bois pas de vin.
	Nein, ich trinke keinen Wein.
Vous mangez du fromage ?	Non, je ne mange pas de fromage.
	Nein, ich esse keinen Käse.
Vous avez de la bière à la maison ?	Non, je n'ai plus de bière.
	Nein, ich habe kein Bier mehr.
Vous achetez parfois des œufs ?	Non, je n'achète jamais d'œufs.
	Nein, ich kaufe nie Eier.

Hier die einzige Ausnahme: Weil es um eine Betonung geht, steht nach ce n'est pas oder ce ne sont pas der Artikel: Ce n'est pas de la marmelade, c'est de la confiture !

Regel 5
ce n'est pas *de la*… / ce n'est pas *du*… / ce ne sont pas *des*…

cinquante-trois **53**

Übungen

1 Complétez les phrases.

1. A la boucherie, j'achète _____ viande et _____ biftecks.

2. A la boulangerie, on vend _____ pains parisiens et _____ baguettes,

   c'est à dire _____ pain en général.

3. A la crémerie, nous achetons _____ lait et _____ fromage.

4. On va à la pharmacie pour acheter _____ médicaments.

5. Au supermarché, on vend _____ bière et _____ vin mais aussi _____ eau minérale.

2 La forme et la santé :

1. Vous pouvez boire _____ eau et _____ jus de fruit.

2. Ne buvez pas trop _____ café.

3. Vous pouvez boire un petit verre _____ vin blanc par semaine.

4. Buvez surtout _____ eau minérale.

5. Vous mangez trop _____ chocolat et trop _____ bonbons.

6. Ne mangez plus _____ gâteaux.

7. Vous pouvez manger _____ fruits, beaucoup _____ fruits,

8. assez _____ viande, mais aussi _____ salade et _____ légumes.

9. Ne mangez pas _____ œufs et ne prenez pas trop _____ beurre et pas _____ huile.

3 Au restaurant : *un, une, des, du, de la, de l'... oder gar nichts?*

1. Monsieur, je voudrais _____ beurre, _____ confiture, _____ croissant, _____ eau,

   _____ fruit, _____ huile, _____ nouilles, _____ pain, _____ poivre, _____ pomme,

   _____ riz, _____ sel, _____ veau, _____ vin, _____ vinaigre, _____ yaourt.

2. Le client   :   Vous avez _____ pains au chocolat ?

   Le garçon :   Non, nous n'avons plus _____ pains au chocolat.

   Le client   :   Alors, donnez-moi _____ croissant avec _____ chocolat.

   Le garçon :   Le pâtissier n'a pas fait _____ croissants ce matin ;

                        il reste _____ croissants d'hier, si vous voulez.

54   *cinquante-quatre*

Le client : Je ne mange pas _____ vieux croissants ! Bon, alors je prends juste _____ café.

Le garçon : La machine à café est en panne. Je vous propose _____ thé, ou _____ lait froid ou _____ chocolat chaud.

Le client : Merci, je ne veux pas _____ croissant, pas _____ chocolat, pas _____ thé, pas _____ lait. Je veux _____ café avec _____ sucre et sans _____ lait, alors au revoir !

4 Elle est belle et elle est jeune. Elle fait tout pour rester en forme.

1. Elle mange _____ céréales avec _____ fruits, _____ pâtes ou _____ riz.

2. Elle ne consomme pas _____ sucre,

3. elle ne mange pas _____ beurre, pas _____ crème, pas _____ œufs.

4. Elle ne boit pas _____ café au lait, elle boit _____ jus de fruits.

5. Elle ne mange jamais _____ miel et elle mange peu _____ pain.

6. _____ pommes frites ? Quelle horreur ! _____ alcool ? Jamais !

Son credo : être naturelle, active, dynamique. Vous la voyez souvent à la télé. Elle est belle, elle est jeune, c'est vrai, mais...

5 J'ai des problèmes de mémoire[1].

1. J'oublie tout ! Alors, je n'ai pas _____ vin pour mes amis.

2. Je n'ai pas _____ eau pour les petits enfants.

3. Je n'ai pas _____ jus de fruits pour les grands enfants.

4. Je n'ai pas _____ fruits, pas _____ légumes pour moi.

5. Je vais chez ma voisine mais elle n'a pas _____ biscuits.

6. Elle a _____ lait mais ce n'est pas _____ lait frais,

8. c'est _____ lait en poudre[2].

9. Elle a _____ confiture mais ce n'est pas _____ confiture de fraise !

10. Elle a _____ eau minérale

11. mais ce n'est pas _____ eau plate[3] c'est _____ eau gazeuse.

―――――
[1] Gedächtnis
[2] Milchpulver
[3] stilles Wasser

Test 1

1 **Ergänzen Sie den Text mit der passenden Form des bestimmten bzw. unbestimmten Artikels.**

2 **Ergänzen Sie die fehlenden Teilungsartikel.**

3 **Setzen Sie die passenden Verbformen in der Gegenwart ein.**

Un air de liberté

Quel plaisir de faire le marché. Pas _____ voitures, _____ rues appartiennent aux piétons. Et _____ marchands font tout pour séduire les clients. Et _____ clients *vouloir* _____ du spectacle.

> Alors, ma p'tite dame, qu'est-ce que ce sera pour vous ?

> Elle ne pas être chère _____ , ma salade ! Deux pour le prix d'une.

> Comment ça, il ne pas avoir _____ l'air bon mon melon ? *Sentir* _____ -moi ce parfum.

> Allez, allez, mangez _____ poisson frais. C'est bon pour _____ santé.

Tout est à la portée _____ main et _____ regard, _____ nez aussi : aubergines, avocats, carottes, champignons, kiwis, légumes, melons, olives, oranges, paprika, pommes, salade, tomates, fromages, poissons, viande, volailles.

Souvent les produits régionaux du marché *coûter* _____ plus chers que ceux _____ supermarchés. Mais les produits _____ pays ont le parfum _____ nature, _____ campagne. Ils sont toujours « maison » ou « faits maison ». On *acheter* _____ du poulet « fermier ». Les saucisses sont « pur porc », _____ pâté de « campagne », _____ charcuterie est « artisanale ».

Les clients *venir* _____ aussi pour _____ ambiance, _____ couleurs et _____ odeurs. Le marché est un lieu de rencontre, de conversation. On parle de tout : du

temps qu'il *faire* _____ , de la santé, de la famille et des prix qui, une fois de
plus, ont augmenté. On *poser* _____ des questions aux marchands. On se
connaître _____ . On se reconnaît. On est reconnu(e).

_____ fromager *savoir* _____ que vous aimez _____ camembert bien fait.

◆ Bonjour Madame. Ça *aller* _____ bien aujourd'hui ?

● Pas mal, mais j'ai beaucoup à faire. Mes petits enfants arrivent demain, et vous
les *connaître* _____ ! Il *falloir* _____ les nourrir.

◆ Qu'est-ce que je vous prépare ? _____ joli plateau ?

● Oui. Alors, je *prendre* _____ du Comté.

◆ Combien ?

● _____ grand morceau.

◆ Comme ça ?

● Oui.

◆ Voilà, juste 450 grammes.
J'ai aussi _____ Bleu d'Auvergne. Cette semaine, il est en promotion.

● *Donner* _____-m'en 400 grammes. Et _____ beurre, s. v. p.

◆ Ce morceau, ça *aller* _____ ?

● Ça *faire* _____ peut-être beaucoup. Il *peser* _____ combien ?

◆ 400 grammes.

● Non, c'est trop. Une demi-livre.

◆ Je vous *choisir* _____ un Munster ?

● D'accord.

◆ Je vous prépare tout ça sur un plateau et vous me le *rendre* _____ la semaine
prochaine.

● Merci, c'est gentil. *Ne pas oublier* _____ surtout _____ les petits suisses
pour Véronique. Elle *adorer* _____ ça. A toute à l'heure.

Le marché est une fête. Les maris *ne pas aimer* _____ faire les courses,
mais ils *faire* _____ tout pour y aller _____ dimanche matin.
Les marchés c'est aussi la campagne à la ville et un air de liberté, par-dessus le
marché.

cinquante-sept **57**

15 Reflexive Verben

se reposer sur ses lauriers

In dieser Redewendung begegnet Ihnen ein reflexives Verb, d. h. es führt ein Pronomen mit sich, im Deutschen entsprechend: er ruht **sich** aus, ich setze **mich** etc.

Tabelle 1

je	me	lève	nous	nous	dépêchons	Vor Vokal, y
tu	t'	habilles	vous	vous	souvenez	oder stummem
il	se	rase	ils	se	reposent	h werden m', t',
elle	se	maquille	elles	se	couchent	s' apostrophiert.

Wie ist das nun mit der **Verneinung**?

Je ne me lève pas.

Genau! Ne .... pas umschließt Pronomen und Verb:

Wenn ein Infinitiv folgt, ändert sich die Stellung des Pronomens.
Prüfen Sie selbst: Elle va **se** reposer.
                        Je vais **me** coucher.
                        Je ne vais pas **me** lever tôt.

Voilà ! In diesem Fall steht das Pronomen **vor** dem Infinitiv.

Übrigens: Im passé composé ▶ 24 werden **alle** reflexiven Verben mit être gebildet. Praktisch, nicht wahr?

58 *cinquante-huit*

Kennen Sie die Situation? Die Kinder sollen pünktlich in der Schule sein, sind aber zu spät ins Bett gegangen. Folgende Tabelle hilft Ihnen, diese morgendliche Prozedur zu bewältigen:

Tabelle 2

Befehlsform	verneinte Befehlsform
Lève-toi !	Ne te rendors pas !
Dépêchons-nous !	Ne nous disputons pas !
Lavez-vous !	Ne vous maquillez pas ce matin !

Nicht alle Verben, die im Deutschen reflexiv sind, sind dies auch im Französischen und umgekehrt. Deshalb hier eine Liste wichtiger Verben, die Unterschiede zwischen der deutschen und der französischen Sprache aufweisen:

Tabelle 3

se réveiller	– aufwachen	aber:	sich schämen	– avoir honte
se lever	– aufstehen		sich verändern	– changer
se promener	– spazieren gehen		sich scheiden lassen	– divorcer
se coucher	– ins Bett gehen			
s'endormir	– einschlafen			
se marier	– heiraten			
se changer	– sich umziehen			

Übungen

1 Deux vies. Konjugieren Sie die Verben.

Moi	Elle
Je *se lever* _____ à 7 h.	Elle *se lever* _____ plus tôt que moi.
Je *se laver* _____ et prends un café.	Elle *se baigner* _____ dans la mer en été et fait du jogging en hiver.
Je *se raser* _____ .	
Il est déjà tard et je *se dépêcher* _____ pour arriver au travail.	Elle *se hâter* _____ mais n'arrive jamais à l'heure.
A midi, je *se promener* _____ un peu dans le parc.	A midi, elle *s'amuser* _____ au bistrot.
A 2 h, je *se remettre* _____ au travail.	Elle *s'occuper* _____ des clients.
A 17 h, je rentre chez moi et je *se reposer* _____ devant la télé.	Elle *se disputer* _____ avec son chef.
Je *se coucher* _____ à 22 h.	Elle *se changer* _____ pour sortir.
Je suis amoureux d'elle. Vous pensez qu'elle va se moquer de moi si je lui propose de venir me voir ? Ce soir, il y a un bon film à la télé. Ce n'est pas la peine de dépenser de l'argent pour le cinéma.	Elle *s'intéresser* _____ à beaucoup de choses. Elle va au théâtre, au cinéma, au restaurant avec des amis, elle...

2 Six mois après. Konjugieren Sie die Verben.

Nous *se connaître* _____ assez bien maintenant. Nous *se*

rencontrer _____ 4 fois par semaine. Nous *s'aimer*

_____ . Je ne *se rappeler* _____

plus ma vie d'avant. Je ne *s'ennuyer* _____ plus devant la

télé. Nous *s'amuser* _____ bien avec des copains au

théâtre, au cinéma, à la discothèque... Nous *se mettre* _____

à faire des plans pour un avenir commun.

3 Quatre ans plus tard ! Setzen Sie die passenden Befehlsformen ein.

Maman ! *se lever* _____ , il est 5.00 h.

Papa! Ne *s'occuper* _____ pas du chien. Je vais aller le promener.

Papa ! *se dépêcher* _____ . J'ai faim.

Maman ! Ne *se rendormir* _____ pas. Je cherche mon nouveau pull.

Papa ! *se remettre* _____ à ton puzzle. Il n'est pas encore fini.

Maman et Papa : « Ma petite, *se taire* _____ et *se recoucher*

_____ . Le réveil sonne dans 2 heures.

soixante et un **61**

16 Das Adjektiv (1) Formen

Cédric Pioline

blanc
sportif
élégant

beau
intelligent
Français

sympathique

Marie-Jo Pérec

sportive
intelligente
noire

belle
élégante
Française

sympathique

Vergleichen Sie die Adjektive in der folgenden Tabelle. Was stellen Sie fest?

Tabelle 1		männlich				weiblich	
Einzahl	un pull	vert	[vɛʀ]	une robe	verte	[vɛʀt]
		gris	[gʀi]		grise	[gʀiz]
		noir	[nwaʀ]		noire	[nwaʀ]
	il est	grand	[gʀɑ̃]	elle est	grande	[gʀɑ̃d]
Mehrzahl	des pulls	verts	[vɛʀ]	des robes	vertes	[vɛʀt]
		gris	[gʀi]		grises	[gʀiz]
		noirs	[nwaʀ]		noires	[nwaʀ]
	ils sont	grands	[gʀɑ̃]	elles sont	grandes	[gʀɑ̃d]

Richtig! Die weibliche Form unterscheidet sich von der männlichen durch ein –e. Kennzeichen für die Mehrzahlform ist das –s. Das kennen Sie bereits vom Substantiv ▶ 3.

Wer es sich lieber mit einer Tabelle merkt, hier ist sie:

Tabelle 2	männlich	weiblich
Einzahl	Adjektiv	Adjektiv +e
Mehrzahl	Adjektiv +s	Adjektiv +es

Was Sie sich noch merken sollten:
Die Adjektive passen sich in Geschlecht und Zahl immer dem Wort an, das sie beschreiben.

Männliche Adjektive auf –s oder –x in der Einzahl bleiben auch in der Mehrzahl gleich. Il est sérieu**x**. ➔ Ils sont sérieu**x**.

62 soixante-deux

Einfacher als in Tabelle 3 geht es wirklich nicht. Was passiert mit Adjektiven, die in der männlichen Form auf –e enden?

Tabelle 3		männlich		weiblich
Einzahl	il est	triste sympathique malade	elle est	triste sympathique malade
Mehrzahl	ils sont	tristes sympathiques malades	elles sont	tristes sympathiques malades

Betrachten Sie jetzt die Übersicht der Adjektive mit veränderter Endung. Keine Angst. Dazu gibt es Übungen, die Sie im Umgang mit diesen Adjektiven noch sicherer machen.

männlich	weiblich	männliche Endung		weibliche Endung
bon	bonne	-n	→	-nne
naturel	naturelle	-l	→	-lle
ancien	ancienne	-ien	→	-ienne
gros	grosse	-s	→	-sse
sportif	sportive	-if	→	-ive
public	publique	-c	→	-que
heureux	heureuse	-x	→	-se
étranger	étrangère	-er	→	-ère
complet	complète	-et	→	-ète
prochain	prochaine	-ain	→	-aine

Sonderfälle:
frais   fraîche
blanc   blanche
long   longue

soixante-trois **63**

Übungen

1 Finden Sie die Adjektive, bei denen die männliche Form in der Einzahl und in der Mehrzahl gleich ist. Kreuzen Sie an.

1. blancs ▪
2. blonds ▪
3. bons ▪
4. contents ▪
5. doux ▪
6. frais ▪
7. français ▪

8. généreux ▪
9. grands ▪
10. grecs ▪
11. gris ▪
12. heureux ▪
13. intelligents ▪
14. jolis ▪

15. longs ▪
16. mauvais ▪
17. naïfs ▪
18. optimistes ▪
19. sérieux ▪
20. petits ▪

2 Sind folgende Adjektive männlich oder weiblich?

Des touristes allemands en France :   männlich   weiblich
1. Ils doivent acheter des chaussures pratiques.   ▪   ▪
2. Ils cherchent des magasins bien français.   ▪   ▪
3. Ils se promènent sur les grands boulevards de Paris.   ▪   ▪
4. Ils adorent les choses anciennes.   ▪   ▪
5. Ils visitent les monuments connus.   ▪   ▪
6. Ils admirent les actrices françaises.   ▪   ▪
7. Ils aiment les belles toilettes de chez Chanel.   ▪   ▪
8. Ils adorent manger les melons frais.   ▪   ▪
9. Ils trouvent les petits cafés typiques.   ▪   ▪
10. Ils commandent souvent de grands pastis.   ▪   ▪

Wenn Sie mal nicht wissen sollten, welches Geschlecht ein Substantiv hat, kann Ihnen das Adjektiv dabei helfen. Haben Sie diesen Tipp hier schon verwendet?

3 Finden Sie das Adjektiv aus derselben Familie. Tipp: Übung 1 enthält drei der gefragten Adjektive.

la gentillesse — *gentil, gentille*

1. l'importance _____
2. la discrétion _____
3. la nature _____
4. la fraîcheur _____
5. l'activité _____

6. l'optimisme _____
7. la critique _____
8. la tristesse _____
9. le sport _____
10. l'intelligence _____
11. la générosité _____

4 Mit wem wird gesprochen? M = Mann, F = Frau, M/F = beide

16

Le chef du personnel demande / dit aux différentes personnes :

1. Vous êtes gentille avec les clients ? ___F___

2. Vous êtes sérieuse dans votre travail ? _____

3. Vous n'êtes pas trop gros pour vendre des produits diététiques ? _____

4. Vous êtes assez discrète pour garder le secret professionnel ? _____

5. Vous devez être optimiste ! _____

6. Vous n'êtes vraiment pas sportif pour vendre des articles de sport ! _____

7. Ah bon, vous êtes Canadienne ! _____

8. Vous devez être charmant ! _____

9. Vous êtes romantique, c'est idéal comme photographe ! _____

In dieser Übung wird deutlich, wie wichtig die richtige Aussprache ist, insbesondere bei Adjektiven. In welchen Sätzen wird die weibliche Form des Adjektivs hörbar?

5 Zwei Zeitungsanzeigen: Bon courage !

1. La maison

Vends (grand) _____ maison dans région (parisien) _____

avec trois (beau) _____ chambres, un (petit) _____ salon

(confortable) _____ , une (immense) _____ salle de séjour

très (agréable) _____ avec une terrasse (aménagé[1]) _____ .

Cuisine très (moderne) _____ , des toilettes (séparé) _____ ,

une salle de bain (spacieux[2]) _____ , un (petit) _____ balcon

et un jardin avec de (grand) _____ arbres. Prix (raisonnable) _____

à débattre. Tél. : 01 47 83 37 12.

2. La voiture. Ergänzen Sie mit dem richtigen Adjektiv in der richtigen Form:

bleu   bon marché   neuf   noir   vert   bon   multicolore   rouge

Très _____ occasion : Voiture _____ presque _____ ,

180 000 km, carrosserie _____ , portes _____ ,

sièges _____ , toit[3] _____ , prix très _____ .

Téléphonez au 01 45 67 95 14.

[1] ausgestattet
[2] geräumig
[3] Dach

soixante-cinq **65**

17 Das Adjektiv (2) Besondere Formen und Stellung

Wenn Sie die Tabelle lesen, können Sie feststellen:
Es gibt einige Adjektive, die **vor** ihrem Bezugswort stehen.

Tabelle	männlich	vor Vokal, vor stummem «h»	weiblich
Einzahl	le vieux café	le vieil ami	la vieille ville
	le nouveau livre	le nouvel hôtel	la nouvelle année
	le beau garçon	le bel hôtel	la belle région
Mehrzahl	les vieux amis		les vieilles chansons
	les nouveaux livres		les nouvelles maisons
	les beaux livres		les belles régions

Auch bon, grand, gros, jeune, joli, petit werden oft vorangestellt.

Im Gegensatz zum Deutschen kann im Französischen ein Adjektiv vor oder nach dem Wort stehen, das es beschreibt. Die meisten Adjektive werden nachgestellt. Jedoch einige kurze, häufig gebrauchte Adjektive, wie z. B. die Adjektive auf dieser Seite, werden vorangestellt. **Alle Farbadjektive werden nachgestellt!**

Gleichen Sie das Adjektiv an und setzen Sie es an die richtige Stelle.
A quoi rêve un S.D.F.[1] ?

1. Je voudrais un _____ travail _____, bon
2. un _____ appartement bien _____, beau, chaud
3. un _____ lit _____, grand, confortable
4. un _____ anorak _____, nouveau, bleu
5. un _____ pantalon _____, nouveau, gris
6. une _____ chemise _____, nouveau, blanc
7. de _____ chaussures _____, nouveau, noir
8. des _____ chaussettes _____ chaud
9. et un _____ repas _____ le dimanche. délicieux

Sie haben sowohl die Anpassung des Adjektivs an das Bezugswort als auch die Stellung des Adjektivs verstanden. Und jetzt wissen Sie natürlich, welche Adjektive vor dem Bezugswort stehen!

---
[1] sans domicile fixe : ohne festen Wohnsitz

Übungen

17

1 Vieux, vieille, vieilles ?

1. Dans une _____ maison, à la campagne,

2. il y a toute une _____ famille, un _____ homme de 96 ans,

3. sa femme, une _____ de 92 ans

4. et leurs trois _____ enfants.

5. Il y a aussi Gaston, leur _____ ami de 89 ans.

6. Regardez, dans la niche[1], il y a Médor le _____ chien et

7. dans la corbeille, les deux _____ chattes Grisette et Fripounette.

2 Nouveau, nouvelle, nouvel, nouveaux, nouvelles ?

1. J'habite dans un _____ appartement.

2. J'ai acheté un _____ lit, une _____ table,

3. de(s) _____ chaises, de(s) _____ fauteuils,

4. une _____ armoire, une _____ lampe,

5. de(s) _____ rideaux[2],

6. une _____ télé et un _____ magnétoscope[3]. Tu veux visiter ?

3 Beau, belle, bel, beaux, belles ?

1. La jeune fille rêve qu'elle est une _____ princesse :

2. « Je porte de _____ robes, de _____ chaussures

3. et de _____ bijoux.

4. Je passe mes vacances dans un _____ château

5. dans une _____ chambre avec un _____ lit à baldaquin. »

6. Elle se réveille et voit qu'elle ne peut pas s'offrir[4] une _____ maison

7. avec un _____ jardin, et de(s) _____ fleurs.

---

[1] Hundehütte
[2] Gardinen, Vorhänge
[3] Videorecorder
[4] sich leisten

soixante-sept **67**

18   Der Demonstrativbegleiter

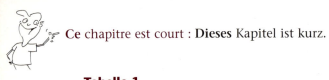 Ce chapitre est court : **Dieses** Kapitel ist kurz.

Tabelle 1

	Einzahl		Mehrzahl
männlich	ce	manteau	manteaux
männlich vor stummem h und vor *Vokal*	cet	anorak habit	ces	anoraks habits
weiblich	cette	robe		robes

Übungen

1 **Das Ehepaar geht einkaufen:** *ce, cette, cet, ces*?

1. la femme : Je ne veux pas porter _____ vêtements.
2. Je n'aime pas _____ manteau,
3. ni[1] _____ robe bleue,
4. ni _____ collants noirs.
5. le mari : Regarde _____ belles chaussures
6. et _____ beau pantalon.
7. Je ne sais pas : j'achète _____ anorak ou _____ imperméable ?
8. Combien coûte _____ jupe
9. et combien coûte _____ pull ?
10. la femme : Mais je ne veux pas de ça. Je veux _____ ensemble[2] Chanel.

---
[1] ni ... ni : weder ... noch
[2] Kostüm

2 **Alain stellt uns seine Arbeitskollegen und sein Büro vor:**
ce, cette, cet, ces?

18

1. Regardez _____ monsieur, c'est mon patron.

2. Regardez tous _____ papiers et

3. toutes _____ feuilles[1] sur _____ bureau, c'est le travail que je dois faire pour demain.

4. _____ femme, en rouge, c'est ma collègue.

5. _____ homme à côté de la fenêtre, c'est un autre collègue.

6. _____ appareil, c'est un téléphone pensez-vous : non, c'est plus. C'est une torture !

7. _____ téléphone sonne tout le temps.

3 **Ce, cet, cette, ces? Eine blumige Übung:**

1. Vous voyez _____ fleur, c'est une fleur rare.

2. _____ œillet[2] (un œillet) vient de Chine.

3. Regardez comme _____ fleurs sont jolies dans _____ vase (le vase).

4. Vous préférez voir _____ fleurs dans le jardin ou dans _____ vase ?

5. J'adore toutes les fleurs surtout _____ roses rouges.

6. Mais j'aime aussi _____ œillets rouges qui sentent[3] bon.

7. Vous voyez _____ femme, à côté des fleurs, eh bien, c'est ma mère.

8. Vous voyez _____ homme parmi toutes _____ roses, c'est mon père.

9. Mes parents sont jardiniers : _____ fleurs et _____ jardins sont leur hobby.

10. _____ deux jardins sont magnifiques !

Ces exercices sont faciles, n'est-ce pas ?
Diese Übungen sind einfach, nicht wahr?

------
[1] Blätter
[2] Nelke
[3] duften

soixante-neuf **69**

19 Der Possessivbegleiter

Mon visage est vieux,
Mes cheveux sont blancs,
Ma barbe est blanche,
Mon manteau est rouge,
Ma hotte est pleine de cadeaux.
Quand les enfants me voient,
Leurs yeux brillent
Et leur bouche sourit.
Qui suis-je ?

Sie haben natürlich den Weihnachtsmann erkannt, der die Kinderaugen zum Glänzen und deren Münder zum Lachen bringt. Mon, ma, mes sind die Lieblingswörter der Kleinkinder (manchmal auch von Erwachsenen); damit drücken sie ihren Besitz aus.

Sehen Sie sich Tabelle 1 an. C'est notre chapitre !

Tabelle 1

wem?	Einzahl		Mehrzahl
C'est à qui ?	männlich	weiblich	männlich *und* weiblich
C'est à moi.	mon frère	ma sœur	mes frères / sœurs
C'est à toi.	ton cousin	ta cousine	tes cousins / cousines
C'est à lui / à elle.	son copain	sa copine	ses copains / copines
C'est à nous.	notre fils / fille		nos fils / filles
C'est à vous.	votre fils / fille		vos parents / grands-mères
C'est à eux / à elles.	leur fils / fille		leurs oncles / tantes

Mon, ton, son ersetzt ma, ta, sa vor einem Vokal a, e, i, o, u oder einem stummen h:

Une amie, une histoire, une idée, une autre voiture.
Mon amie, **mon** histoire, **ton** idée, **son** autre voiture.

70 *soixante-dix*

Worin besteht denn der grundsätzliche Unterschied zwischen den zwei Sprachen? Um das herauszufinden sollten Sie die folgende Tabelle nach dem Muster von Tabelle 1 übersetzen:

wem?	Einzahl		Mehrzahl
	männlich	*weiblich*	*männlich und weiblich*
mir	mein Bruder		
dir			
ihm			
ihr			
uns			
euch (Ihnen)			
ihnen			

Sie haben es bemerkt: Im Französischen richtet sich der Possessivbegleiter **in Geschlecht und Zahl** immer nach dem Nomen (Besitztum), vor dem er steht.

C'est sa mère.
Es ist seine Mutter / ihre Mutter.

C'est son père.
Es ist sein Vater / ihr Vater.

Wenn es darum geht, die Schwiegermutter und die Mutter auseinander zu halten, dann ist das sprachlich gesehen sehr einfach; so sagt der Franzose:

C'est sa mère à elle (*ihre*).
C'est sa mère à lui (*seine*).

Das gleiche gilt auch für den Vater und den Schwiegervater:

C'est son père à elle (*ihr*). C'est son père à lui (*sein*).

Vergessen Sie nicht:
Votre und vos werden in der Höflichkeitsform verwendet oder wenn man mehrere Personen anspricht:

Votre mère va bien ?
Geht es Ihrer / eurer Mutter gut?

Vos parents vont bien ?
Geht es Ihren / euren Eltern gut?

Übungen

1 Setzen Sie den richtigen Begleiter ein:

a) Le clown dit :

Où est le chapeau ? _Où est mon chapeau ?_

1. Où est le short ? _____

2. Où est la veste ? _____

3. Où est la trompette ? _____

4. Où est le porte-monnaie ? _____

5. Où sont les balles ? _____

b) Alors les enfants lui redonnent

son chapeau

1. _____ short

2. _____ veste

3. _____ trompette

4. _____ porte-monnaie

5. _____ balles

c) Les enfants disent au clown :

voilà _ton_ / _votre_ chapeau.

1. voilà _____ / _____ short.

2. voilà _____ / _____ veste.

3. voilà _____ / _____ trompette.

4. voilà _____ / _____ porte-monnaie.

5. voilà _____ / _____ balles.

2 Une belle journée.

Les enfants vont au cirque pour voir Popoff, le _leur_ clown préféré.

1. Ils regardent _la_ _____ grande veste et _le_ _____ short violet.

2. Les parents regardent le dompteur avec _le_ _____ tigre et _les_ _____ éléphants.

3. Ils prennent des photos avec _les_ _____ appareils modernes.

4. Ils filment avec _le_ _____ caméscope[1].

5. Pendant la pause les enfants énervent _les_ _____ parents.

6. Après le spectacle, ils rentrent dans _l'_ _____ appartement.

7. Le père lit _le_ _____ journal, dans _le_ _____ sofa.

8. Les petits jouent avec _le_ _____ ballon,

9. la mère boit _le_ _____ café. C'est une belle journée pour toute la famille.

_____

[1] Camcorder

72 soixante-douze

3 **Setzen Sie den richtigen Begleiter ein:**

1. Je perds tout : *la* _____ gomme, *le* _____ crayon, *le* _____ livre de français,

   les _____ feuilles de cours[1].

2. Mon fils cherche tous les jours *la* _____ trousse, *le* _____ stylo, *le* _____ dic-

   tionnaire.

3. Ma fille oublie toujours *les* _____ lunettes, *les* _____ livres, _____ stylo.

4. Et vous, vous apportez toujours *les* _____ affaires, *les* _____ cahiers,

   les _____ crayons, *le* _____ livre à la VHS ?

5. Les autres participants ont-ils toujours *les* _____ affaires, *les* _____ clés,

   le _____ briquet, *les* _____ cigarettes, *les* _____ lunettes ?

4 **Une lettre d'amour : Anatole schreibt seiner Frau.**
   Achtung! Setzen Sie im Text noch den richtigen Begleiter ein:

le tout	*la vie*	*le cœur*	*le paradis*
le début	*la fin*	*l'unique et seul amour*	

_____ cher amour,

Je t'écris _____ amour pour te dire que je t'aime.

Tu es _____ tout, _____ vie, _____ cœur, _____ paradis, _____ début,

_____ fin, _____ unique et seul amour.

Dis-moi que je suis aussi pour toi _____ tout, _____ vie, _____ cœur,

_____ paradis, _____ début, _____ fin, _____ unique et seul amour.

A ce soir, des milliers de bises.

Anatole

---
[1] Unterrichtsblätter

soixante-treize **73**

20 Der unbestimmte Begleiter tout

« Risquer le tout pour le tout. » (Alles oder nichts.)

So weit brauchen Sie in diesem Kapitel nicht zu gehen. Es genügt, wenn Sie sich folgende Tabelle ansehen. Was fällt Ihnen an dem kleinen Wörtchen tout auf?

Tabelle 1	Einzahl	Mehrzahl
männlich	Je fais du sport tout [tu] le temps. Et toi, tu pratiques tout ce programme ? Moi, je bois tout un cocktail plein de vitamines.	Je connais tous [tu] les studios de culturisme. Pourquoi fais-tu tous ces exercices fatigants ? J'en connais tous les avantages.
weiblich	Je vais passer toute [tut] la soirée en salle de gym. Je bois parfois toute une bouteille de coca.	J'adore toutes [tut] les disciplines. Je connais toutes mes faiblesses.
männlich	Je fais tout [tu]. Tout est important.	Ils sont tous [tus] venus pour le championnat. Tous sont venus.
weiblich	Toute activité est bonne pour la santé.	Les disciplines, je les fais toutes [tut].

Tout richtet sich in Geschlecht und Zahl nach dem Substantiv, das es näher bestimmt. Tout kann auch mit un, ce, mon, … stehen.

Kleine Übersetzungshilfe:
tout (le, l') toute (la, l') → ganz
tous (les …) toutes (les …) → alle, jeder …   tout (unveränderlich) → alles

Regel 1
tout   toute
tous   toutes   **+ le, la, les, un, une, ce, mon, ses … + Substantiv**

Achtung! Das auslautende –s von tous wird nur ausgesprochen, wenn tous ohne Artikel steht.

Zum Schluss ein Hinweis zu dem Ausdruck tout le monde:
Il/Elle connaît tout le monde.   Er/sie kennt alle/jeden.
Tout le monde le connaît.   Jeder kennt ihn. / Alle kennen ihn.
Il s'adresse à tout le monde.   Er wendet sich an alle/jeden.

Tout est bien qui finit bien !   **Ende gut, alles gut!**

Übungen

20

1 Qui est-ce ? Setzen Sie *tout, toute, tous, toutes* ein.

1. Il quitte la maison _____ les jours, à la même heure.

2. Au bureau, il n'aime pas rester assis, alors il se lève _____ les vingt minutes.

3. Il pratique _____ sortes d'activités sportives, surtout la natation.

4. Pendant _____ l'été, il va à la piscine en plein air.

5. Parfois, il reste _____ une soirée devant son poste de télé.

6. Il connaît _____ les films de Jacques Tati.

7. Le dimanche, il passe _____ son temps à ne rien faire.

8. _____ les deux semaines, il va au supermarché, ça l'énerve.

9. Dans son quartier _____ le monde le connaît.

10. C'est _____ ce que je sais de lui.

    Et vous ? Vous le connaissez aussi ?

2 · Tous ou *toutes* ?

1. J'adore Jacques Brel (1929 – 1978), ce grand auteur, compositeur et chanteur
   (interprète) belge. Je connais _____ ses chansons.

2. Ses textes, je les aime _____ .

3. Il y a beaucoup d'articles et de livres sur la vie et la musique de Brel, je les ai
   _____ lus.

4. Mes disques préférés, je les ai _____ donnés à de très bons amis.

5. Mes amies aussi sont _____ d'accord sur la beauté et l'originalité des
   chansons de Brel.

6. Pour le musical « L'homme de la Mancha », ils sont _____ venus à
   l'Olympia, le plus grand music-hall de Paris.

7. C'est là aussi que Brel a fêté _____ ses grands succès.

8. Ils ont _____ admiré sa présence extraordinaire sur scène.

9. « Ne me quitte pas », c'est une chanson de Brel que _____ les Français
   connaissent.

In welchen Sätzen wird das –s von tous nicht ausgesprochen?

soixante-quinze **75**

Test 2

1 Ergänzen Sie den Text mit den richtigen Adjektiven.

2 Setzen Sie die passenden Verbformen ein.

3 Tragen Sie die fehlenden Ortspräpositionen ein.

4 Wenn Sie Lust haben : Beantworten Sie sich selbst die Frage : Quels sont mes modèles ?

Elle ?

Elle est superbe, des jambes *long* _____ et *musclé* _____, un ventre plat, la taille *fin* _____, des fesses d'acier[1], des cheveux d'enfant, un visage aux traits[2] *régulier* _____ , la peau[3] *lisse* _____, un corps *ferme* _____ et *fort* _____ . Etendue _____ la plage, une brise sur sa nuque, elle a la silhouette de ses rêves. Elle est jeune. Elle a le goût du sport, le sens de l'effort[4] et le culte du corps. Elle aime dépasser ses limites, aller toujours plus loin. Son credo : être *naturel* _____, *beau* _____, *actif* _____, *dynamique* _____ .

Sa bible: gymnastique, diététique, cosmétique, esthétique. Elle *manger* _____ et *boire* _____ léger: la charcuterie et les yaourts maigres, du beurre allégé[5], du surgelé[6] basses calories, elle *manger* _____ moins de pain. Elle *boire* _____ sans compter les calories des boissons light. Les temps sont *pur* _____ et la société de consommation[7] *faire* _____ maigre. Mesdames et Messieurs, vous la *voir* _____ partout: _____ des affiches, _____ les magazines, _____ télé, _____ cinéma. Vous la *rencontrer* _____ sur un surf à Saint Jean de Luz ou _____ un bateau en Méditerranée, sur un pic rocheux à Chamonix.

_____ vos rêves ?

---

[1] fester Po   [2] (Gesichts)Züge   [3] Haut   [4] Anstrengung
[5] Kalorienarme Butter   [6] Tiefkühlkost   [7] Konsumgesellschaft

Et vous ?

Est-ce que vous vous retrouvez dans tout cela? *Voir* _____ -vous des créatures de votre âge vendre quoi que ce soit ? Si la fille de l'écran[8], du magazine, de la pub ne vous ressemble pas, *vouloir* _____ vous lui ressembler?

Vous rentrez *épuisé* _____, *stressé* _____, *déprimé* _____. Vous avez mauvaise mine. Vous *se sentir* _____ comme vos cheveux: *sec* _____ et dévitalisée. Vous *savoir* _____ que votre chef *privilégier* _____ celles qui sont belles et bien portantes. Vous *savoir* _____ également : « être bien _____ sa peau, c'est être mieux dans sa tête. » C'est aussi donner aux autres une image plus favorable de soi, donc augmenter ses chances de réussite dans une société _____ la concurrence est de plus en plus vive.

N'ayez pas peur[9].

Il *suffire* _____ de trouver la meilleure crème. Votre peau *se régénérer* _____ et se restructure en profondeur et retrouve durablement son capital jeunesse. A vous de vous protéger activement contre le vieillissement[10]. Dès maintenant, *prendre* _____ votre avenir en main.

Oser[11] _____ vieillir !

Attention, Messieurs, vous aussi, vous *faire* _____ de plus en plus d'efforts pour vous mettre physiquement en valeur. Le marché de la beauté *masculin* _____ *connaître* _____ une véritable explosion. Vous aussi, vous savez que la réussite professionnelle ou personnelle passe par la forme physique. Vous non plus, *ne pas résister* _____ aux promesses d'un rajeunissement[12] ou, au moins, d'un vieillissement ralenti[13].

Quels sont vos modèles ?

---

[8] Bildschirm
[9] Haben Sie keine Angst
[10] Altern
[11] wagen
[12] Verjüngung
[13] verlangsamt

soixante-dix-sept **77**

21 Nahe Zukunft und nahe Vergangenheit

Freuen Sie sich: Zwei Verben, die Sie bereits kennen, helfen Ihnen zwei neue Zeiten zu bilden. Beginnen Sie jetzt mit Ihrer Reise sowohl in die Zukunft als auch in die Vergangenheit. Bon voyage !

aller
Ils **vont partir** en vacances.

venir
Ils **viennent d'arriver**.

Tabelle 1 Quels sont vos projets pour demain ?

Le matin, je	vais visiter	les monuments historiques.
Tu	vas jouer	au tennis.
Il	va déjeuner	à la maison ?
Non, on	va rester	en ville tout l'après-midi.
Alors demain, nous	allons passer	la soirée au restaurant.
D'accord. Qu'est-ce que vous	allez faire	aujourd'hui ?
Ils	vont dormir	toute la journée.

Sie sehen es selbst: Wenn Sie ausdrücken wollen, dass etwas sehr bald geschehen wird, benutzen Sie das futur proche (nahe Zukunft).

Regel 1
Futur proche = Präsens von *aller* + Infinitiv des Verbs

Regel 2
Verneinung beim futur proche
ne + Präsens von *aller* + *pas* + Infinitiv

Demain, ils **ne** vont **pas** passer la soirée au restaurant.

Tabelle 2

Tu attends depuis longtemps ?	Non, je	viens d'arriver	il y a quelques minutes.
Tu as vu M. Martin ?	Oui, tu	viens de le louper[1]	il y a un instant.
Sophie est là ?	Non, elle	vient de partir	il y a trois minutes.
Vous avez déjeuné ce matin ?	Oui, nous	venons de boire	notre café.
Vous êtes où exactement ?	Vous	venez de quitter	l'Espagne ?
Marc et Marie sont mariés ?	Oui, ils	viennent de se marier	la semaine dernière.

Also: Wenn Sie gerade etwas getan haben, dann gibt es nur eins: passé récent.

Regel 3
Passé récent = Präsens von *venir* + *de* + Infinitiv

Und wenn Sie sagen wollen, dass Sie gerade dabei sind, etwas zu tun? Nichts einfacher als das: Je suis **en train de lire** un livre de grammaire très intelligent. Bravo !

Regel 4
Présent progressif = *être en train de* + Infinitiv

---

[1] verpassen

soixante-dix-neuf **79**

21

Übungen

1 Le Tour de France.

1. Les cyclistes arrivent, ils attendent le signal du départ. Le Tour de France
_____ commencer dans quelques instants.

2. Les touristes allemands sont nombreux cette année. Ils _____
regarder le grand spectacle.

3. Franz et François discutent : « Qui _____ gagner cette fois-ci ? »

4. Jan Ullrich, bien sûr. C'est lui qui _____ gagner.

5. Mais non, il n'a pas encore retrouvé sa forme. Le coureur français
_____ gagner. Tu _____ voir.

6. Quelques semaines plus tard. C'est la dernière étape qui se déroule aux Champs-
Elysées. C'est presque la fin et le Tour de France _____ finir dans
quelques minutes. Au revoir à l'année prochaine.

2 Quels sont leurs projets pour le week-end ?

Mon amie et moi, nous passons le samedi après-midi chez des amis.
Mon amie et moi, nous allons passer le samedi après-midi chez des amis.

1. Jean se lève tôt, prend le petit déjeuner en vitesse, fait du jogging, et prend une
douche, passe le samedi à la maison.
Jean _____

2. Moi, je reste au lit longtemps, je bois un café, je fais une partie de tennis, je vais
au restaurant pour déjeuner, je passe l'après-midi et la soirée à la maison avec
des copains.
Moi, je _____

3. Marie dort longtemps, boit un café, nettoie l'appartement, prépare le repas,
retrouve des copains, se repose.
Marie _____

4. Max et Jean restent à la maison sans rien faire.
Max et Jean _____

80 quatre-vingts

3 **Une journée bien longue pour la mère :**

Vous avez commandé la glace ?

Oui, je viens de commander la glace.

1. Vous avez nettoyé l'appartement ?

   Oui, _____

2. Vous avez fait vos courses ?

   Oui, _____

3. Vous avez acheté des fleurs ?

   Oui, _____

4. Vous êtes allée à la banque ?

   Oui, _____

5. Vous avez contrôlé les devoirs de vos enfants ?

   Oui, _____

6. Vous avez préparé le dîner ?

   Oui, _____

   C'est tout ce que vous avez fait de votre journée ?

4 **A la maison.** *aller, venir de* **oder** *être en train de* **?**

Le mari   : « Chérie, tu peux m'aider ? »

La femme   : « Quand ? »

Le mari   : « Maintenant. »

La femme   : « Impossible. Je _____ préparer une conférence.

                     Demande à ton fils Paul. Il est là ? »

Le mari   : « Non, il _____ sortir, il y a cinq minutes »

La femme   : « Et Jacqueline ? »

Le mari   : « Elle _____ regarder la télé »

La femme   : « Et Monique ? »

Le mari   : « Elle a rendez-vous avec son nouvel ami. Elle _____

                     quitter la maison il y a deux minutes. »

La femme   : « Alors, c'est encore une fois moi qui _____ t'aider. »

Le mari   : « Allô ? Oui ? Non, ça tombe mal. Je _____

                     rénover la cuisine. »

quatre-vingt-un **81**

22 — Die einfache Zukunft

Quand nous chanterons le temps des cerises
et gai rossignol et merle moqueur
seront tous en fête.
Les belles auront la folie en tête,
et les amoureux du soleil au cœur.
Quand nous chanterons le temps des cerises,
sifflera bien mieux le merle moqueur.

Wenn wir die Zeit der Kirschen besingen werden, werden die fröhliche Nachtigall und die spöttische Amsel feiern. Die schönen Frauen werden nur Unsinn im Kopf haben und die Verliebten werden Sonne im Herzen haben. Wenn wir die Zeit der Kirschen besingen werden, wird die spöttische Amsel noch schöner pfeifen.

 So beginnt ein Chanson von Jean-Baptiste Clément (1837 – 1903), das zum Volkslied geworden ist.

Tabelle 1

	Verb	Endungen		Infinitiv	
Je	regarde	rai	la télé.	regarde	r
Tu	sorti	ras	avec moi ?	sorti	r
Il/Elle	prend	ra	le train.	prend	re
Nous	viv	rons	à la campagne.	viv	re
Vous	boi	rez	un verre avec nous ?	boi	re
Ils/Elles	écri	ront	pendant les vacances.	écri	re

Regel 1
bei Verben auf –er
Futur = 1. Person der Gegenwart + –rai, –ras, –ra, –rons, –rez, –ront

Erinnern Sie die Endungen, wenn Sie das r weglassen, an etwas?

 Genau! Es handelt sich um die Endungen von avoir in der Gegenwart. Und schon kennen Sie die wichtigste Regel für die Bildung des futur simple der meisten Verben.

**Regel 2
bei fast allen anderen Verben
Futur = Infinitiv bis zum –r + Endungen**

Sie haben bestimmt schon darauf gewartet: Auch das futur simple kennt einige besondere Formen. Machen Sie sich mit ihnen vertraut.

Tabelle 2

Infinitiv	Futur
avoir	j'aurai
être	je serai
faire	je ferai
aller	j'irai
savoir	je saurai
recevoir	je recevrai
devoir	je devrai
falloir / il faut	il faudra
pleuvoir / il pleut	il pleuvra
voir / envoyer	je verrai / j'enverrai
pouvoir	je pourrai
vouloir	je voudrai
venir	je viendrai
tenir	je tiendrai

quatre-vingt-trois **83**

Übungen

1 **Füllen Sie die angekreuzten Kästchen mit Verben im futur simple aus.**

	je/j'	tu	il/elle/on	nous	vous	ils/elles
avoir	✗			✗		
être			✗			
faire			✗			
retrouver			✗			
rester	✗					
téléphoner	✗					
rendre			✗			
dire	✗					
pouvoir			✗	✗		
falloir			✗			
passer			✗			

2 **Ergänzen Sie diesen Text mit den Verben aus den Kästchen.**

Marc : Toute la semaine, il _____ beau temps. Alors, on se

_____ demain soir dans notre jardin ? Nous _____

des invités que tu connais aussi.

Luc : Non, ce ne _____ pas possible. Demain, je _____

à la maison. Mon frère que je n'ai pas vu depuis longtemps me

_____ visite. Il _____ quelques jours chez moi. Je

te _____ demain, je te _____ quand nous

_____ nous voir.

Marc : Ton frère _____ t'accompagner.

Luc : Pourquoi pas ? C'est une bonne idée. Il _____ certainement

ravi de passer une soirée entre amis. Ecoute. Il _____

l'informer. Dès que j' _____ une réponse, je te le _____ .

Marc : D'accord !

3 **Ergänzen Sie bitte die leer gebliebenen Kästchen in Übung 1.**

84 *quatre-vingt-quatre*

4 **L'anniversaire d'une ville.**

1. Samedi prochain, ce *être* _____ la grande fête.

2. La ville *fêter* _____ son anniversaire.

3. Vous *pouvoir* _____ venir ?

4. Nous *aller* _____ vous chercher à la gare, si vous voulez.

5. Il y *avoir* _____ beaucoup de monde.

6. Au centre ville, il y *avoir* _____ la table la plus longue du monde.

7. On y *servir* _____ des spécialités de la région.

8. Le programme vous *intéresser* _____ .

9. Des groupes folkloriques *présenter* _____ un spectacle historique.

10. Des artistes du théâtre municipal y *participer* _____ également.

11. Après le spectacle qui *se terminer* _____ avec un feu d'artifice,

12. on *s'amuser* _____ et on *danser* _____ jusqu'à l'aube.

13. Vous *connaître* _____ une ville plus dynamique que jamais.

14. Vous *voir* _____ , ce *être* _____ la plus grande fête jamais vue.

15. Nous espérons que vous en *faire* _____ partie.

5 **Quel sera notre avenir ? Tendances.**

1. L'espérance de vie *augmenter* _____ .

2. En Europe la population *vieillir* _____ considérablement.

3. On *réduire* _____ la durée du travail.

4. Le télétravail *permettre* _____ de délocaliser le travail.

5. Le logement *ne plus être* _____ un lieu de repos et de loisir mais aussi un lieu de travail.

6. L'apprentissage de plusieurs langues *devenir* _____ indispensable.

7. Les diplômes *ne pas être* _____ une garantie pour trouver du travail.

8. Les technologies *favoriser* _____ l'individualisme.

9. Il *falloir* _____ créer de nouveaux rapports humains entre les individus.

10. Nous *devoir* _____ comprendre le présent et inventer le futur.

quatre-vingt-cinq **85**

Passé composé (1)

Les bêtises

J'ai tout mangé le chocolat,
J'ai tout fumé les « Craven A »,
Et comme t'étais toujours pas là,
J'ai tout vidé le rhum-coca,
J'ai tout démonté tes tableaux,
J'ai tout découpé tes rideaux,
Tout déchiré tes belles photos,
Que tu cachais dans ton bureau.

Kennen Sie dieses witzige Lied von Sabine Paturel? Es beschreibt eine Frau, die – verärgert über die Abwesenheit ihres Freundes – die ganze Schokolade gegessen hat, alle Zigaretten der Marke „Craven A" aufgeraucht hat, den ganzen Rum mit Cola ausgetrunken hat, seine ganzen Bilder auseinander genommen hat, seine Gardinen zerschnitten hat, seine schönen Fotos zerrissen hat …

Es beschreibt Handlungen in der Vergangenheit. Die dafür benötigte Zeit heißt le passé composé. Sie besteht aus zwei Teilen: passé   composé
                                                                Vergangenheit   zusammengesetzt.

Wie bildet man das passé composé? Sehen Sie sich das Chanson noch einmal an.

Richtig! Das passé composé besteht nicht nur im Namen sondern auch in seiner Form aus zwei Teilen: dem Hilfsverb avoir (bei einigen Verben auch mit être, ▶ 24) und dem Partizip Perfekt (participe passé), so wie in

Tabelle 1

rega**rd**er			réfléch**ir**			atten**dre**		
	Hilfsverb	*Partizip*		*Hilfsverb*	*Partizip*		*Hilfsverb*	*Partizip*
j'	ai	regardé	j'	ai	réfléchi	j'	ai	attendu
tu	as	regardé	tu	as	réfléchi	tu	as	attendu
il/elle	a	regardé	il/elle	a	réfléchi	il/elle	a	attendu
nous	avons	regardé	nous	avons	réfléchi	nous	avons	attendu
vous	avez	regardé	vous	avez	réfléchi	vous	avez	attendu
ils/elles	ont	regardé	ils/elles	ont	réfléchi	ils/elles	ont	attendu

Haben Sie es bemerkt? Das passé composé ist eigentlich ganz einfach: avoir kennen Sie schon ▶ 1 und die Partizipien der allermeisten Verben enden auf –é.

Beim Sprechen ist das gleich mit dem Infinitiv oder der vous-Form:
manger = mangez = mangé = [mɑ̃ʒe]

Regel 1 passé composé = *avoir* konjugiert + Partizip Perfekt

Regel 2: Partizip

immer	Verb auf –er	→	Partizip = Stamm des Verbs	+ é
oft	Verb auf –ir	→	Partizip = Stamm des Verbs	+ i
unregelmäßig	Verb auf –re	→	Partizip = Stamm des Verbs	+ i/u
			unregelmäßiger Stamm	+ s/t

86 quatre-vingt-six

Das passé composé der Verben avoir und être wird ebenfalls mit avoir gebildet:

Tabelle 2

être			avoir		
j'	ai	été	j'	ai	eu
tu	as	été	tu	as	eu
il/elle	a	été	il/elle	a	eu
nous	avons	été	nous	avons	eu
vous	avez	été	vous	avez	eu
ils/elles	ont	été	ils/elles	ont	eu

j'ai été : *ich bin gewesen*; j'ai eu [y]: *ich habe gehabt*

Einige Verben haben ein unerwartetes Partizip:

Tabelle 3

Infinitiv	Partizip	Infinitiv	Partizip	Infinitiv	Partizip
boire	bu	rire	ri	pouvoir	pu
connaître	connu	faire	fait	pleuvoir	il a plu
croire	cru	mettre	mis	vouloir	voulu
plaire	plu	prendre	pris	ouvrir	ouvert
vivre	vécu	devoir	dû	offrir	offert
coudre	cousu	recevoir	reçu	dormir	dormi
lire	lu	savoir	su	tenir	tenu

Je **n'**ai **pas** eu de chance. Je **n'**ai **pas** connu mes parents. Ils **n'**ont **pas** vécu longtemps.

Regel 3: Verneinung
ne + *avoir* konjugiert + *pas* + **Partizip**

Sehen Sie sich die Partizipien dieses französischen Satzes an, was stellen Sie fest?

direktes Objekt davor

« Vous avez compris les règles de grammaire et vous les avez apprises

puis vous les avez oubliées aussi ».

direktes Objekt davor

Richtig! Das Partizip hat eine Endung bekommen: apprises, comprises. Warum? Das Partizip wird nur verändert, wenn ein direktes Objekt ▶ **32** vor avoir steht. Das Partizip richtet sich dann in Geschlecht und Zahl nach dem direkten **Objekt**. apprises und oubliées beziehen sich auf das Pronomen les (les règles = weiblich Mehrzahl).

Durch die Angleichung wird im Femininum der Endkonsonant des Partizips hörbar: appris [apri] - apprise [apriz]

quatre-vingt-sept **87**

23

Übungen

1 Setzen Sie in die Gegenwart:

1. Hier, *il a préparé* son petit déjeuner. *Le matin, il* _____

2. *Il a pris* le café dans le placard[1]. _____

3. *Il a mis* la machine à café en marche. _____

4. *Il a mangé* deux tartines de pain[2]. _____

5. *Il a bu* deux tasses de café noir. _____

6. *Il a débarrassé* la table[3]. _____

7. *Il a commencé* à travailler tout de suite. _____

8. Hier midi, *il a mangé* à la cantine. *Aujourd'hui, il* _____

9. Après, *il a fait* les courses. _____

10. *Il a cuisiné* le repas du soir et _____

11. après son repas, *il a regardé* la télé _____

12. et *il a dormi.* _____ Quelle vie !

2 Setzen Sie ins passé composé: Sésame, ouvre-toi !

1. Je *fais* _____ des études de français à Marbourg.

2. Je *travaille* _____ comme assistant allemand à Tours.

3. Ce séjour en France *m'apprend* _____ beaucoup de choses.

4. J'*ai* _____ le courage de parler, je *pose* _____ beaucoup de
   questions et je *fais* _____ même beaucoup de fautes[4] !

5. Un jour, pour rentrer à Marbourg. Je *prends* _____ le train Tours – Paris.

6. A Paris, j'*achète* _____ un carnet de 10 tickets de métro.

7. Je *dépose* _____ ma valise à la consigne automatique[5], pour me promener.

8. Je *visite* _____ le Canal St Martin, c'est charmant.

9. Je *regarde* _____ les gens.

---

[1] Schrank
[2] Brotscheibe
[3] abdecken
[4] Fehler
[5] Schließfach

10. Le temps *passe* _____ vite. Il *pleut* _____ un peu.

11. A la gare, je *mets* _____ la clé dans la serrure[1] de la consigne pour prendre ma valise.

12. Je *ne comprends* _____ pas _____ : ça ne marche pas.

13. Je *regarde* _____ les numéros de la clé et de la consigne.

14. Je *recommence* _____ quelques minutes plus tard.

15. Je *mets* _____ la clé dans la serrure,

16. je *tourne* _____ la clé lentement : rien !

17. Je *demande* _____ au guichet : « De quel quai part le train pour Francfort ? »

18. « Ah Monsieur, le train pour Francfort part de la gare de l'Est et vous êtes à la gare du Nord. » Trop tard pour mon train mais *j'ai* _____ le temps de visiter un peu Paris.

3 Gleichen Sie das Partizip an, wenn nötig.

Sophie raconte : Voilà mes deux chiens : un grand et un petit.

1. Je les ai acheté__ à côté de chez moi.

2. Dès que je les ai vu__ je suis tombée amoureuse d'eux.

3. Ils m'ont regardé__ avec beaucoup de tendresse[2], et je les ai attrapé__ et caressé__[3]. Bien sûr, je les ai acheté__.

4. Le petit est une chienne, elle m'a adopté__ tout de suite.

5. Le grand m'a mordu__[4] à la main,

6. ma main, je l'ai passé__ sous l'eau froide : elle va mieux.

7. Les petits chiens ont joué__ à la balle pendant des heures.

8. Ils l'ont jeté__ .

9. Ils ont couru__ après et l'ont mordu__, ils ont cassé__ la balle.

10. J'ai acheté__ une nouvelle balle hier.

C'est trop drôle de les voir jouer ensemble.

---

[1] Schloss
[2] Zärtlichkeit
[3] streicheln
[4] beißen

quatre-vingt-neuf **89**

24 Passé composé (2)

Astérix et Obélix **sont nés** en Gaule.
Un jour, Obélix **est tombé** dans la potion magique
(pleine de verbes, bien sûr !)
alors il **est devenu** très fort.

Sie sind nicht wie Obélix in Gallien geboren. Sie sind auch nicht in den Zaubertrank gefallen und Sie sind auch nicht muskelstark geworden wie er. Aber sind Sie vielleicht „grammatikfester", vor allem, was das passé composé betrifft? In ▶ 23 haben Sie gelernt, dass das passé composé mit avoir gebildet wird. Doch wie sieht es im obigen Beispiel mit den Galliern aus?

Genau! Hier wird das passé composé mit être gebildet.
Und so wird es gemacht:

Tabelle 1

naître		*männlich*	naître		*weiblich*
je	suis	né	je	suis	née
tu	es	né	tu	es	née
il	est	né	elle	est	née
nous	sommes	nés	nous	sommes	nées
vous	êtes	nés	vous	êtes	nées
ils	sont	nés	elles	sont	nées

Monsieur, vous êtes **né** à Paris ?
Madame, vous êtes **née** à Paris ?

Was stellen Sie fest, wenn Sie Tabelle 1 ansehen?

Richtig! Bei den Verben, die das passé composé mit être bilden, wird das Partizip dem Subjekt angepasst, genau wie beim Adjektiv (▶16). Sie wissen es: Die französische Grammatik ist nicht emanzipiert. Wenn alle Formen weiblich sind und nur eine einzige männliche Form dabei ist, wird das Partizip dennoch der männlichen Mehrzahl angeglichen. (Wie lange noch?)

Regel 1
Einige wenige Verben bilden das *passé composé* mit *être*.

Die Anordnung der Verben wird Ihnen beim Auswendiglernen helfen:

- aller, (re)venir, parvenir *(gehen, kommen, schaffen)*
- monter, descendre, tomber *(hochgehen, heruntergehen, hinfallen)*
- sortir, (r)entrer, retourner *(ausgehen, hereingehen, zurückkehren)*
- naître, devenir, mourir *(zur Welt kommen, werden, sterben)*
- arriver, rester, partir, passer + Präposition *(ankommen, bleiben, weggehen, vorbei/über etwas gehen/fahren)*
- passer in der Bedeutung von „verbringen" wird mit avoir gebildet.

So sieht das Partizip Perfekt von den Verben mit être aus, die nicht auf –er enden:

Tabelle 2

descendre	descendu	sortir	sorti
(re)venir	venu	partir	parti
parvenir	parvenu	mourir	mort
devenir	devenu	naître	né

Wie sieht es aus bei den reflexiven Verben (sich waschen = se laver)? Sehen Sie sich die Tabelle 3 an. Was stellen Sie fest?

Tabelle 3

se laver			*männlich*	se laver			*weiblich*
je	me	suis	lavé	je	me	suis	lavée
tu	t'	es	lavé	tu	t'	es	lavée
il	s'	est	lavé	elle	s'	est	lavée
nous	nous	sommes	lavés	nous	nous	sommes	lavées
vous	vous	êtes	lavés	vous	vous	êtes	lavées
ils	se	sont	lavés	elles	se	sont	lavées

Richtig! Auch die reflexiven Verben bilden das passé composé mit être und gleichen folglich auch das Partizip Perfekt an.

Madame, vous vous êtes **parfumée** ?
Monsieur, vous vous êtes **rasé** ?

Vorsicht: Marie, tu t'es **lavé** les mains ? *Marie, hast du dir* (Dativ) *die Hände gewaschen?* lavé bezieht sich hier auf „die Hände", und nicht auf „das Mädchen". (▶34)

Wie Sie auch schon in ▶23 gesehen haben, funktioniert die Verneinung im passé composé nach

Regel 2
***ne* + (Reflexivpronomen) + *être* konjugiert + *pas* + Partizip**

Il **n'**est **pas** venu, il **ne** s'est **pas** excusé.

Übungen

24

1 Erzählen Sie, wie der Tagesablauf der jungen Frau heute aussieht:

Tous les jours, elle se réveille à 6 heures.

Aujourd'hui, elle s'est réveillée à 6 heures.

1. Mais elle *se lever* _____ à 6 heures 30.

2. Elle *se doucher* _____ ,

3. elle *se laver* _____ à l'eau très chaude.

4. Elle *se sécher* _____ avec une serviette chaude et

5. elle *se peigner*[1] _____ . Puis, elle *s'habiller* _____ .

6. Enfin, elle *partir* _____ travailler.

7. Elle *arriver* _____ au bureau à 8 heures et

8. elle *aller* _____ à la cantine,

9. elle *rester* _____ un quart d'heure à table et

10. elle *sortir* _____ et

11. elle *passer* _____ à la pâtisserie pour s'acheter un gâteau.

12. Après, elle *rentrer* _____ à la maison.

13. A 23 heures, elle *se coucher* _____ . Quelle vie !

2 Eine Frau erzählt „Ich bin ein Morgenmuffel."
Passé composé mit *être* oder *avoir*?

1. Ce matin, mon réveil *sonner* _____ très tôt.

2. Donc, je *se lever* _____ de bonne heure.

   Je n'étais pas de bonne humeur car je déteste me lever.

3. Je *descendre* _____ dans la cuisine.

4. Je *mettre* _____ de l'eau dans la cafetière.

5. Je *chercher* _____ les filtres et la poudre à café,

6. enfin, je *brancher* _____ ma cafetière électrique.

7. Je *lire* _____ le journal, c'est-à-dire

8. je *essayer* _____ de reconnaître les photos !

---
[1] kämmen

92 quatre-vingt-douze

24

9. Malheureusement, mon mari *arriver* _____ ,

10. il *ne pas rester* _____ dormir.

11. il *commencer* _____ à me poser des questions très compliquées :

12. « Tu *bien dormir*, _____ , tu *faire* _____ de beaux rêves ? »

13. Puis le café était enfin prêt et je *pouvoir* _____ manger sans lui répondre !

14. Peu à peu, mes yeux *s'ouvrir* _____ .

15. Je *finir* _____ par comprendre que mon mari me racontait son rêve.

3 Der Traum oder Alptraum meines Mannes, er wäre eine Frau:

1. Je *naître et mourir* _____ dans la même nuit !

2. J'étais couturière[1] et je *coudre* _____ tout un trousseau[2].

3. Je *croire* _____ avoir de l'argent mais

4. je *ne rien avoir* _____ ni rien *recevoir* _____ ,

5. je *connaître* _____ un prince charmant qui

6. *ne pas vouloir* _____ de moi

7. alors, je *ne plus savoir* _____ quoi faire.

8. Je *vivre* _____ très tristement.

9. Je *tomber* _____ dans un profond désespoir.

10. Je *devenir* _____ folle,

11. et je *rire* _____ jusqu'à ce que ton réveil sonne.

4 Nach der Erzählung meines Mannes :

1. Je *finir* _____ mon petit déjeuner,

2. je *prendre* _____ ma douche puis

3. je *m'habiller* _____ rapidement.

4. Je *dire* _____ au revoir à mon mari et

5. nous *s'embrasser* _____ , je *partir* _____

   travailler. Là, je vais finir ma nuit, tranquillement, comme tous les jours.

   Mais je ne vous dis pas où je dors.

―――――

[1] Näherin
[2] Aussteuer

quatre-vingt-treize **93**

Das Imperfekt

Avant, tout était mieux. J'avais le temps de prendre un café. Je parlais aux collègues. Je lisais le journal. Je faisais mon travail tranquillement et aujourd'hui… ?

Ja, ja, die sogenannte gute alte Zeit. Wollen Sie auch darüber sprechen? Dann brauchen Sie unbedingt das imparfait. Von welcher Verbform müssen Sie ausgehen, wenn Sie das imparfait bilden wollen? Tabelle 1 enthält die Antwort.

Tabelle 1

		Stamm	Endungen	
Autrefois,	je	travaill	ais	toute la journée à la maison.
pendant que	tu	regard	ais	tes matchs de foot
et qu'	il/elle	lis	ait	des romans policiers.
Tous les jours,	nous	réfléchiss	ions	comment changer la situation.
	Vous	perd	iez	patience[1].
	Ils/Elles	se plaign	aient	de leur sort[2].

 Genau! Die 1. Person Mehrzahl (nous) des Verbs in der Gegenwart (Präsens) ist Ihre Ausgangsbasis. Das ist alles, und somit kennen Sie die Regel 1:

Regel 1
Stamm der 1. Person Mehrzahl Präsens + Endungen: *–ais, –ais, –ait, –ions,*
                                                        –iez, –aient

Tabelle 2

être		
j'	ét	ais
tu	ét	ais
il/elle	ét	ait
nous	ét	ions
vous	ét	iez
ils/elles	ét	aient

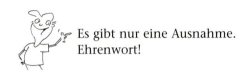

Es gibt nur eine Ausnahme. Ehrenwort!

---

[1] die Geduld verlieren
[2] sich über sein Schicksal beklagen

Merken Sie sich bitte:

il pleut   ➔   il pleuvait

il faut   ➔   il fallait

Diese beiden Verben kommen nur in der 3. Person Einzahl vor.

Sie wissen, welch großen Wert Franzosen auf die Aussprache legen. Die teils veränderten Schreibweisen von Verben, die in ihrer Grundform auf –ger und –cer enden, wie z. B. manger, placer etc. kennen Sie schon aus ▶ **5**.

Hier nochmal zur Erinnerung:

Tabelle 3

voyager		annoncer	
je	voyageais	j'	annonçais
tu	voyageais	tu	annonçais
il/elle	voyageait	il/elle	annonçait
aber:		aber:	
nous	voyagions	nous	annoncions
vous	voyagiez	vous	annonciez
ils/elles	voyageaient	ils/elles	annonçaient

Wenn Sie mehr über die Verwendung des Imperfekts wissen wollen, beschäftigen Sie sich bitte mit ▶ **26**.

quatre-vingt-quinze **95**

Übungen

1 **Le monde était meilleur ? Le grand-père raconte sa vie.**
Setzen Sie die richtigen Verbformen ein:

De mon temps, tout *être* _____ mieux. Nous *habiter* _____ un

petit village. On *connaître* _____ tous les voisins. Je *travailler* _____

toute la journée. Ta grand-mère *faire* _____ le ménage et *s'occuper*

_____ des enfants. Le soir, je *retrouver* _____ des amis pour une

partie de boule et un petit rouge. Le dimanche matin, nous *aller* _____ à

l'église ensemble. Moi, j' *entrer* _____ dans un café où je *prendre*

_____ l'apéritif. Ta grand-mère *préparer* _____ le déjeuner.

L'après-midi, nous *se promener* _____ avec les enfants. La vie *être*

_____ plus tranquille et plus agréable.

2 **Sa petite-fille de 15 ans n'est pas d'accord.**

Mais, écoute, grand-père, ce n'est pas tout à fait vrai. Vous *avoir* _____

une toute petite maison pour 10 personnes. Vous *se disputer* _____ de

temps en temps, non ? Tu n' *avoir* _____ pas encore de congés payés et

le travail *être* _____ plus dur qu'aujourd'hui. Et tu penses que mémé[1]

être _____ toujours contente de devoir rester à la maison ? Elle aussi, elle

avoir _____ envie de rencontrer des gens, mais elle ne le *pouvoir* _____

pas, elle *devoir* _____ tout faire à la maison. Personne ne l' *aider*

_____ . Et le soir, tes copains t' *attendre* _____ au café, mais elle,

elle *passer* _____ ses soirées à tricoter des pulls pour vos enfants. Elle

aimer _____ lire, mais elle ne *s'acheter* _____ pas de livres parce

qu'elle n'en *avoir* _____ ni le temps, ni l'argent.

Grand-père : Et les enfants, à l'époque, ne *critiquer* _____ pas les adultes.

---

[1] mémé – Oma

3 **Après les vacances :**

1. Deux semaines de vacances, c' *être* _____ merveilleux. Tu ne te rends pas compte,

2. il *faire* _____ toujours beau.

3. Même tard le soir, on *pouvoir* _____ sortir en T-shirt.

4. Et le paysage ! Il y *avoir* _____ la montagne et la mer.

5. C' *être* _____ pittoresque.

6. Pendant que je *prendre* _____ un bain de soleil sur la plage avec les enfants, Joël *faire* _____ de l'escalade.

7. Et les petits villages dans les montagnes, tranquilles comme tout. Les enfants *jouer* _____ toute la journée dehors.

8. On *ne pas avoir besoin* _____ de les surveiller.

9. On n' *entendre* _____ aucun bruit, sauf les oiseaux.

10. Le matin, le fermier d'à côté nous *apporter* _____ du lait frais et du fromage.

11. On *prendre* _____ l'apéritif dans le seul café près du marché.

12. Tous les hommes du village *se rencontrer* _____ au bar. Tu sais, j' *être* _____ la seule femme au café.

13. A midi pile, ils *rentrer* _____ à la maison pour le déjeuner.

14. Entre 1 heure et 4 heures, tout le village *faire* _____ la sieste.

15. A 5 heures, les vieux *commencer* _____ à sortir de leur maison.

16. Ils *jouer* _____ aux boules sur la place du marché.

17. Tout le monde *se connaître* _____ .

18. Le soir, on *se retrouver* _____ devant les maisons et on *bavarder* _____ .

19. Je ne *vouloir* _____ plus partir. L'année prochaine, on y retournera deux mois mais nous allons prendre notre poste de télé, la play-station pour les enfants et l'ordinateur avec Internet parce qu'il faut quand même se tenir au courant – deux mois, ça fait long.

26   Passé composé oder imparfait?

> J'ai tout démonté le bahut,
> J'ai tout bien étalé la glu,
> Comme t'étais toujours pas revenu,
> J'ai tout haché menu menu,
> J'ai tout brûlé le beau tapis,
> J'ai tout scié les pieds du lit,
> Tout décousu tes beaux habits,
> J'ai mis le feu à la penderie.

 Erinnern Sie sich an das Lied „Les Bêtises" (▶ 23)? Weil ihr Freund immer noch nicht zurückgekehrt ist, hat die Frau den Schrank auseinander gebaut, überall den Klebstoff verteilt, hat alles kurz und klein geschnitten, den schönen Teppich verbrannt, die Füße des Bettes abgesägt, all seine Kleider aufgetrennt und die Garderobe in Brand gesteckt!

Sie erzählt eine Kette von Untaten, die sie hintereinander verübt hat.

Regel 1
Das *passé composé* eignet sich für einmalige Handlungen in der Vergangenheit,
- **die sich nur einmal zu einem bestimmten Zeitpunkt ereignen,**
- **für eine Kette von Handlungen,**
- **für kurze, schnelle Handlungen.**

Kennen Sie folgendes Lied von Dalida, in dem eine 36jährige Frau eine kurze Beziehung zu einem jungen Mann hat?

> Il venait d'avoir 18 ans,
> Il était beau comme un enfant,
> [...]
> C'était l'été évidemment
> Et j'ai compté en le voyant
> Mes nuits d'automne.
> [...]
> Et pendant qu'il se rhabillait
> Déjà vaincue je retrouvais
> Ma solitude.

Sehen Sie sich die farbigen Verben an. Sie stehen im imparfait (lat. imperfectus, unvollständig, unvollendet = die Dauer ist unbestimmt). Warum?
Wir verraten es Ihnen auf der nächsten Seite.

26

Das *imparfait* eignet sich:

- zur Beschreibung eines Zustandes, einer Person:
  Il venait d'avoir 18 ans,
  Il était beau comme un enfant.

- zur Beschreibung einer Landschaft, eines Gebäudes, der äußeren Umstände, die eine Handlung begleiten, (z. B. Wetter):
  C'était l'été évidemment.

- für Handlungen, die zur gleichen Zeit nebeneinander abliefen:
  Il se rhabillait... je retrouvais ma solitude.

- für eine Handlung, die in ihrem Ablauf gesehen wird:
  Pendant qu'il se rhabillait...

- für Vorgänge, die in der Vergangenheit **wiederholt** und/oder **regelmäßig** stattfanden:
  Quand j'étais jeune, je dansais tous les samedis.

Regel 2
Das *imparfait* eignet sich für
- **Beschreibungen,**
- **Handlungen, die zur gleichen Zeit nebeneinander abliefen oder die in ihrem Ablauf gesehen werden,**
- **Vorgänge, die in der Vergangenheit wiederholt und/oder regelmäßig stattfanden.**

Nach bestimmten **Signalwörtern** findet man das passé composé oder das imparfait. In der folgenden Tabelle sind die am häufigsten gebrauchten aufgelistet:

Tabelle

Passé composé	Übersetzung	Imparfait	Übersetzung
aussitôt	sofort	chaque jour	jeden Tag
tout à coup, soudain	plötzlich	souvent	oft
ce matin, ce soir	heute morgen / abend	le matin, le soir	morgens, abends
un jour	eines Tages	toute la journée	den ganzen Tag
à ce moment	zu diesem Zeitpunkt	de temps en temps	ab und zu
en ... (1970)	in (im Jahre...)	d'habitude	gewöhnlich
alors, après, ensuite, puis	dann, danach, später	toujours	immer
finalement, quand enfin	endlich, als endlich	chaque fois	jedes Mal
une fois	einmal		

Wie Sie festgestellt haben, kann man im Deutschen beliebig im Imperfekt oder im Perfekt erzählen. Im Französischen muss man sich nach Regeln richten. In diesem Falle ist die französische Sprache noch genauer als das Deutsche.

Übungen

26

1 **Sie erzählen den Überfall auf die Bäckerei. Suchen Sie sich die richtige Zeit aus und streichen Sie, was nicht stimmt.**

Le hold-up :

1. ~~Ça été~~ - C'était un dimanche soir, il est entré - il entrait dans la boulangerie.
2. Il est allé - il allait directement à la caisse.
3. Il a pointé - il pointait son revolver sur la boulangère et a crié - criait : « La caisse et vite ! »
4. Elle a eu - avait très peur alors elle a crié - criait aussi.
5. Elle s'est dépêchée - se dépêchait et lui a donné - lui donnait la caisse.
6. Il a été - était très pressé alors il l'a prise - prenait sans regarder.
7. Il est parti - partait très vite.
8. Il n'a pas vu - ne voyait pas que la caisse a été - était vide.
9. La boulangère a fermé - fermait la porte de la boutique et a appelé - appelait la police.
10. Puis elle a ri - riait car elle a su - savait que la caisse a été - était vide !

2 **Chère Claire,**

1. Dans la lettre que je te *envoyer* _____ ce matin, je *oublier* _____ de te donner la recette des crêpes.

2. Je *savoir* _____ que je *avoir* _____ quelque chose à te dire mais comme je n'ai plus ma tête, je *ne rien écrire* _____ .

3. Hier, Michel *venir* _____ me chercher, je *manger* _____ et *passer* _____ l'après-midi chez lui.

4. Après, je *rentrer* _____ à la maison et je *avoir* _____ la visite de la voisine, Mme Lefèbvre. Puis tes tantes *arriver* _____ alors, je *ne rien faire* _____ de tout l'après-midi.

5. Tes tantes me *raconter* _____ leurs vacances, elles _____ *faire* un bon et beau voyage mais les gens *commencer* _____ à affluer[1] donc elles *revenir* _____ .

6. Les Turcs *faire* _____ leur jardin hier et je *aller* _____ voir ce que *faire* _____ les femmes assises dans la cour, devant les jardins.

———
[1] strömen

100 *cent*

26

7. Elles *faire* _____ du pain et je *avoir* _____ le plaisir

   d'avoir une boule de pain très bon.

8. Les hommes *couper* _____ des branches car deux arbres

   mourir _____ ,

9. et puis, ils *mettre* _____ des jolies fleurs.

   Pour les crêpes, tu prends...

   Bons baisers,
   Ta grand-mère

3 **Imparfait ou passé composé ?**

1. Il *être* _____ treize heures.

2. Je *manger* _____ mon repas,

3. quand quelqu'un *sonner* _____ à la porte.

4. C'*être* _____ la voisine qui *chercher* _____ son chat.

5. Elle *me demander* _____ si je *vouloir* _____ l'aider à le

   chercher.

6. Mais je *ne pas avoir* _____ envie de manger froid.

7. Alors je lui *dire* _____ :

8. « Je *savoir* _____ que cela *aller* _____ arriver !

9. Tu *ne pas faire* _____ assez attention ! »

10. Elle *ne pas être* _____ contente.

11. Alors elle *repartir* _____ .

12. Enfin je *pouvoir* _____ finir mon repas tranquillement.

13. Mais je *perdre* _____ la sympathie de ma voisine.

4 **Übersetzen Sie das Gespräch der Arbeitskollegen:**

1. Thomas: Du warst nicht da gestern. Warum? Warst du krank?
2. Julien: Ja, ich war krank. Ich hatte Kopfschmerzen.
3. Thomas: Bist du zum Arzt gegangen?
4. Julien: Nein, ich habe Aspirin *(de l'aspirine)* genommen.
5. Thomas: Letzte Woche hast du schon Kopfschmerzen gehabt?
6. Julien: Ja, aber es war das erste Mal in meinem Leben. *(la première fois de ma vie)*
7. Thomas: Das war auch das erste Mal, dass du am Computer gearbeitet hast. *(travailler à l'ordinateur)*

cent un **101**

27 Das Plusquamperfekt

J'avais terminé mon repas quand elle est entrée. Je ne l'ai pas reconnue.
Elle avait complètement changé. Quand j'ai fait sa connaissance, elle était encore mariée.

In diesem Kapitel machen wir Sie mit dem plus-que-parfait vertraut. Nach dem Lesen der folgenden Tabelle können Sie dann sagen, wie es gebildet wird.

Tabelle 1

Hier, avant de rentrer à la maison,	Hier, avant l'arrivée de l'ambulance,
j'avais travaillé au bureau,	j'étais allé(e) au travail,
tu avais pris un apéritif,	tu étais sorti(e) du magasin,
il avait mangé au restaurant,	il était parti chercher un copain,
elle avait mangé au restaurant,	elle était partie chercher un copain,
nous avions décidé d'aller au bar,	nous étions entré(e)s dans le bar du coin,
vous aviez appelé un taxi,	vous étiez arrivé(e)(s) trop tard,
ils avaient passé une bonne soirée,	ils étaient tombés par terre,
elles avaient passé une bonne soirée.	elles étaient tombées par terre.

Richtig! Das Plusquamperfekt wird mit dem Imperfekt von avoir oder être gebildet.

Sie kennen doch noch die Verben, die im Französischen mit être konjugiert werden? Ein heimlicher Tipp: ▶ 24!

Regel

avoir konjugiert im Imperfekt   oder   être konjugiert im Imperfekt
+ Partizip   + Partizip
                                             Das Partizip richtet sich in Geschlecht
                                             und Zahl nach dem Subjekt.

Wie Sie aus den Beispielen ersehen können, beschreibt das Plusquamperfekt ein Geschehen in der Vergangenheit, das **zeitlich noch weiter zurückliegt** als ein anderes Geschehen in der Vergangenheit, auf das Bezug genommen wird.

kurz: das Plusquamperfekt wird genauso benutzt wie im Deutschen:
Plusquamperfekt = Vorvergangenheit. Voilà ! C'est tout !

Übungen

27

1 Setzen Sie die Geschichte wieder zusammen:

Ce matin, il m'est arrivé quelque chose d'étrange.

La voisine avait déjà appelé la police.

Il avait trouvé le chat devant la fenêtre. Fripou était plein d'encre.

Un voleur était certainement entré par la fenêtre ouverte.

Je suis arrivée au travail comme tous les matins.

Je suis entrée et j'ai eu un choc.

Les chaises étaient abîmées et les dossiers se trouvaient par terre.

Quelqu'un avait renversé les poubelles et il y avaient des tâches noires partout.

Je suis sûre que, hier au soir, j'avais mis tous les dossiers sur la petite table.

J'ai téléphoné à la police.

Avant, je m'étais acheté un croissant et le journal.

A ce moment-là, l'agent de police est entré avec Fripou.

2 Erinnern Sie sich noch an die Frau, die zu Beginn des Kapitels ins Restaurant kam?
Es interessiert Sie doch sicherlich, wie die Geschichte weitergeht!
Setzen Sie das Plusquamperfekt ein.

Je *terminer* _____ mon repas, quand elle est entrée. Je ne l'ai pas recon-

nue parce qu'elle *changer* complètement _____ . A l'époque, elle était

très belle et je suis tombé amoureux d'elle. Là, au restaurant, elle est venue me

saluer ; avant, elle *remarquer* ne m' _____ jamais vraiment _____ .

Elle m'a raconté sa vie ; à l'époque, elle *parler* ne m'_____ jamais

_____ . Après la mort de son mari, elle a constaté qu'il *dépenser*

_____ tout l'argent au casino. Elle a vendu la maison qu'elle *hériter*

_____ de ses parents. Deux ans après, elle s'est remariée avec un

homme qu'elle *connaître* _____ trois mois auparavant. Elle l'a quitté

parce qu'il la *tromper* _____ avec une autre femme. C'est ma chance ?

cent trois **103**

28 Adverbien

« Je l'aime un peu, beaucoup, passionnément. »

Welche Antwort das Gänseblümchen dem/der Verliebten gibt, können wir nicht sagen, wohl aber Interessantes über die vielseitigen Verwendungsmöglichkeiten des Adverbs.

1. Adverbien beziehen sich auf ein **Verb**: **Parlez** moins vite.
   (*Sprechen Sie langsamer.*)

2. Adverbien können auch ein **Adjektiv** näher beschreiben:
   Une histoire vraiment **intéressante**. (*Eine wirklich interessante Geschichte.*)

3. Adverbien können einen **ganzen Satz** näher beschreiben:
   Heureusement, **il a trouvé du travail**. (*Glücklicherweise hat er Arbeit gefunden.*)

Die meisten französischen Adverbien leiten sich von Adjektiven ab, daher auch der Ausdruck „abgeleitete Adverbien", um die es in diesem Kapitel geht. Im Deutschen haben die Adjektive und Adverbien in den meisten Fällen die gleiche Form. Anders im Französischen:

Tabelle 1

Adjektiv		Adverb	
männlich	*weiblich*	*unveränderlich*	
sérieux	sérieuse	sérieusement	*ernst, seriös*
doux	douce	doucement	*weich, langsam*
régulier	régulière	régulièrement	*regelmäßig*
certain	certaine	certainement	*sicher*
actif	active	activement	*aktiv*
actuel	actuelle	actuellement	*aktuell*
général	générale	généralement	*generell, allgemein*
direct	directe	directement	*direkt*
tranquille	tranquille	tranquillement	*ruhig, still*
facile	facile	facilement	*leicht, einfach*
gentil	gentille	gentiment	*nett*

Wenn Sie Tabelle 1 betrachten, werden Sie feststellen, dass das Adverb von der weiblichen Form abgeleitet wird und dass es **unverändert** bleibt. So einfach ist das.

Regel 1
Adverb = weibliche Form des Adjektivs + –ment

Tabelle 2

Adjektiv		Adverb	
männlich	*weiblich*	*unveränderlich*	
vrai	vraie	vraiment	*wirklich*
joli	jolie	joliment	*hübsch*
poli	polie	poliment	*höflich*
absolu	absolue	absolument	*absolut*

Wenn Sie Tabelle 2 mit Tabelle 1 vergleichen, sehen Sie sofort: Halt, hier stimmt etwas nicht! Sie haben Recht. Ihre Beobachtung entspricht genau der Regel 2.

Regel 2
Bei Adjektiven, deren männliche Form auf einen Vokal endet (außer *e*):
Adverb = männliche Form des Adjektivs + –ment

Tabelle 3

Adjektiv		Adverb	
männlich	*weiblich*	*unveränderlich*	
élégant	élégante	élégamment	*elegant*
constant	constante	constamment	*konstant, beständig*
prudent	prudente	prudemment	*vorsichtig*
évident	évidente	évidemment	*offensichtlich*

Regel 3
Adjektive auf –ant → –amment
**   –ent → –emment**

Eine winzige Ausnahme: lent – lentement

Einige Adverbien enden auf –ément: énorme – énormément, profond – profondément.

Auf eine Feinheit achten Sie bitte: Dem Adjektiv rapide entsprechen zwei Adverbien: rapidement und vite.

Das war alles, was Sie über die abgeleiteten Adverbien wissen sollten. Es gibt noch eine Reihe „einfacher" Adverbien, die nicht von Adjektiven abgeleitet werden:
oui, non, encore, hier, aujourd'hui, ici, là, peu, beaucoup, bien, mal, très etc.
Sie kennen diese kleinen Wörter schon, oder?

Freuen Sie sich auf die Übungen!

Übungen

1 Füllen Sie bitte Tabelle 1 aus:

Adjektiv		Adverb
männlich	*weiblich*	*unveränderlich*
actif		
	actuelle	
complet		
heureux		
prochain		
tranquille		
sûr		
rapide		

2 Ergänzen Sie die Sätze mit den Adverbien aus Tabelle 1:

1. A Fougères, il va y avoir _____ un grand spectacle historique.

2. Ce spectacle sur la vie et l'œuvre de Balzac va connaître _____
un grand succès.

3. Avant la création du festival, les habitants de Fougères vivaient _____ .

4. _____ presque tous les habitants participent
_____ à la préparation du festival.

5. Ils ont _____ oublié la vie tranquille qu'ils connaissaient avant.

6. « _____ , nous avons eu du beau temps pendant toute la sai-
son estivale.

7. _____ nous comptons tous les soirs mille spectateurs. »

8. Et vous ? Vous avez _____ trouvé tous les adverbes.

3 Füllen Sie die folgende Tabelle 2 aus:

Adjektiv		Adverb
männlich	*weiblich*	*unveränderlich*
évident		
		vite, rapidement
		constamment
brusque		
vrai		

gentil		
lent	_____	_____
_____	_____	absolument
prudent	_____	_____
_____	_____	finalement
pratique	_____	_____

4 Ergänzen Sie die Sätze mit den Adverbien aus Tabelle 2:

Il fait nuit.
1. Il roule, _____ le moteur s'arrête.
2. Il descend _____ de la voiture.
3. Il ne voit _____ rien.
4. « _____, je n'ai pas de chance », pense-t-il.
5. _____ il y a des problèmes avec la voiture.
6. Et pourtant, elle est _____ neuve. »
7. Il fait noir, très noir.
8. Il avance _____ à la recherche d'un téléphone.
9. Il arrive _____ à trouver une cabine téléphonique.
10. Une voix dit _____ : « Vous pouvez laisser un message. »
    Il raccroche. « _____ la chance m'a quitté une fois pour toutes. Que faire ? »

5 Ergänzen Sie die folgende Tabelle 3:

Adjektiv		Adverb
männlich	weiblich	unveränderlich
absolu		
gentil	gentille	
	grave	1. _____
		2. grièvement
	mauvaise	mal
joli		joliment
rapide	rapide	1. _____
		2. _____
		élégamment
	évidente	

Was fällt Ihnen auf?
Richtig! In der Tabelle stehen unregelmäßig gebildete Adverbien.

29 Der Vergleich des Adjektivs

« Petit miroir, miroir chéri,	„Spieglein, Spieglein an der Wand
Quelle est la plus belle de tout le pays ?	wer ist die Schönste im ganzen Land?"
Et le miroir lui répondit :	Da antwortet der Spiegel:
« Madame la Reine, vous êtes la plus belle ici,	„Frau Königin, Ihr seid die Schönste hier,
Mais Blanche-Neige chez les sept nains	aber Schneewittchen über den Bergen
Est dix mille fois plus jolie ! »	bei den sieben Zwergen
	ist noch tausendmal schöner als Ihr."

Sie sehen: Früher wie heute sind Vergleiche und Superlative sehr wichtig. Deshalb erfahren Sie in diesem Kapitel, was es mit dem Schneller, Höher, Weiter im Französischen auf sich hat. Betrachten Sie doch gleich einmal die erste Tabelle. Hier haben Sie nämlich schon über die Hälfte der „Zutaten" für einen Vergleich:

Tabelle 1

	plus	+	actif	que		aktiver als	+ ↑
Jean est	aussi	=	dynamique	que	Bernard.	(genau)so ... wie	=
	moins	–	grand	que		(weniger groß) kleiner	– ↓
	plus	+	grande				
Claire est	aussi	=	belle	que	Josette.		
	moins	–	active				

Im Gegensatz zum Deutschen können Sie im Französischen nach oben ↑ (plus) oder nach unten ↓ (moins) steigern.

Regel 1   *plus / aussi / moins* + **Adjektiv** + *que*

Sie haben es bemerkt: Das Vergleichswort (im Deutschen „wie" oder „als") ist immer *que*. Auch beim Vergleich passen sich die Adjektive in Geschlecht und Zahl immer dem Wort an, das sie beschreiben (▶ 16).

In diesem kurzen Kapitel möchten wir Sie noch auf folgende Formen von gesteigerten Adjektiven aufmerksam machen:

Tabelle 2

bon(ne)(s),	moins bon(ne)(s)	meilleur(e)(s)	*gut – besser*
mauvais(e)(s)	moins mauvais(e)(s)	plus mauvais(e)(s)	*schlecht – schlechter*
mauvais(e)(s)	moins mauvais(e)(s)	pire(s)	*schlimm – schlimmer*

Wie Sie sehen, gibt es für *mauvais* zwei Steigerungsformen mit unterschiedlicher Bedeutung. Hoffentlich müssen Sie diese nie gebrauchen. Vorsichtshalber gibt es dazu eine Übung.

108 *cent huit*

Übungen

29

1 Heute und damals. Vergleichen Sie.

(+) Aujourd'hui, la vie est _plus_ confortable _qu'_ au siècle dernier.

1. (+) Les avantages sociaux sont _____ importants _____ auparavant.

2. (-) Le travail est _____ fatigant _____ dans le passé.

3. (=) La solidarité entre les hommes reste _____ importante _____ dans le passé.

4. (+) Les vacances sont _____ longues _____ avant.

5. (=) La vie de famille est _____ nécessaire _____ dans le passé.

6. (-) Pour l'économie allemande, l'agriculture nationale devient _____ intéressante _____ au siècle dernier.

2 In dieser Übung erfahren Sie, in welchen europäischen Ländern die meisten Personen über 65 Jahre leben. Bilden Sie Sätze: plus/aussi/moins vieux/vieille que.

L'Autriche est _aussi vieille que_ la France.

1. La Suède est _____ l'Italie.

2. La Grèce est _____ le Portugal.

3. Le Royaume-Uni est _____ la Suède.

4. L'Allemagne est _____ la Grèce.

5. Le Danemark est _____ le Luxembourg.

6. L'Irlande est _____ les Pays-Bas.

7. L'Espagne est _____ la Finlande.

La vieille Europe

Evolution de la part des personnes de 65 ans et plus dans la population des pays de l'Union européenne (en %) :

	1995	1960
- Suède	17,5	11,7
- Italie	16,4	9,0
- Royaume-Uni	15,8	11,8
- Belgique	15,7	12,0
- Allemagne	15,4	10,9
- Grèce	15,4	8,1
- Danemark	15,3	10,6
- Espagne	15,1	8,2
- Autriche	15,0	12,2
- FRANCE	15,0	11,6
- Portugal	14,5	-
- Finlande	14,1	7,3
- Luxembourg	14,0	10,7
- Pays-Bas	13,2	9,0
- Irlande	11,5	10,9

© Eurostat

3 Übersetzen Sie.

Im Privatfernsehen _sur les chaînes privées_ gibt es einen Krimi _film policier_. Der Film ist schlecht. Er ist noch schlechter als der Film im 2. Programme _sur la deuxième chaîne_. Die Schauspielerinnen _actrices_ sind gut, sie sind besser als ihre Kollegen. Aber die Geschichte ist schlimm. Sie ist schlimmer als der Film. Haben Sie den Film gesehen? _Vive le zapping !_

cent neuf **109**

30 Der Superlativ des Adjektivs

Achtung! Verraten Sie nicht sofort, wo Sie die größte Pizza, das wohlschmeckendste Eis gegessen haben, wo es den schönsten Strand, die bequemsten Hotels, die interessantesten Sehenswürdigkeiten, die elegantesten Menschen gibt. Sie werden das alles mit Hilfe dieses Kapitels auch auf Französisch sagen können.

Was genau ist beim Superlativ anders als beim Komparativ?

Tabelle 1

Ce voyage est	le	plus	beau	souvenir de ma vie.
C'est	la	plus	petite	église de France.
C'est	le	moins	grand	hôtel de tous.
Voilà	les	plus	vieilles	maisons de la ville.

Richtig! Man braucht nicht mehr zu vergleichen. Die Folge davon ist: das Vergleichswort *que* entfällt. Man ist ja schon der, die oder das Schönste.

Regel 1

le / la / les + **plus / moins** + **Adjektiv** + **Substantiv**

In Tabelle 2 gibt es einen kleinen Unterschied zu Tabelle 1. Finden Sie ihn heraus.

Tabelle 2

Connaissez-vous	le quartier	le plus chic	de Paris ?
Quelle est	la rue	la plus courte	de Paris ?
C'est	la chambre	la moins chère	de toutes ?
C'est là qu'il y a	les monuments	les plus intéressants.	

Genau! Im Unterschied zu den Beispielen in Tabelle 1 steht der Superlativ hier **nach** dem Substantiv. Es ergibt sich die Reihenfolge der Regel 2:

Regel 2

le / la / les + **Substantiv** + **le / la / les** + **plus / moins** + **Adjektiv**

Sie ahnen es schon: bon und mauvais tanzen natürlich auch beim Superlativ wieder aus der Reihe.

Tabelle 3

	Adjektiv	Komparativ	Superlativ	
Einzahl	bon / bonne *(gut)*	meilleur / meilleure *(besser)*	le meilleur / la meilleure	*(der, die, das Beste)*
Mehrzahl	bons / bonnes	meilleurs / meilleures	les meilleurs / les meilleures	

Es ist angenehmer, Positives zu steigern. Deshalb die Steigerung von mauvais nur ganz kurz:

mauvais(e)(s) *(schlimm)*	pire(s) *(schlimmer)*	le, la, les pire(s) *(am schlimmsten)*
mauvais(e)(s) *(schlecht)*	plus mauvais(e)(s) *(schlechter)*	le, la, les plus mauvais(e)(s) *(am schlechtesten)*

cent onze **111**

Übungen

30

1 Ergänzen Sie die Sätze mit der entsprechenden Form des Superlativs:
le/la plus/moins – le/la meilleur(e).

(-) La rue _la moins_ longue de Paris, c'est la rue des Degrés : 5,75 m.

1. (+) C'est la Belgique qui connaît le taux de divorce ____ _____ élevé en Europe :
58,1 sur 100 mariages.

2. (-) L'Italie connaît le taux de divorce ____ _____ haut en Europe : 8,0 sur 100
mariages.

3. (-) Au Danemark, on trouve la proportion ____ _____ importante de jeunes
vivant chez leurs parents.

4. (+) C'est vrai. Le monument ____ _____ visité à Paris, c'est le Centre
Beaubourg.

5. (+) C'est le résultat d'un sondage : ____ _____ moment de la semaine, c'est le
samedi soir.

6. (+) Connaissez-vous la rue ____ _____ étroite à Paris ? C'est la rue du Chat-qui-
Pêche.

7. (+) Le Pont-Neuf est en vérité ____ _____ vieux pont de Paris.

8. (+) Encore un record. La grand-mère ____ _____ jeune a 17 ans. C'est une
noire musulmane de Nigéria.

2 Meine persönlichen Superlative. Ergänzen Sie die Sätze mit der entsprechenden Form des Superlativs.

(belle ville)   Je trouve que Nice est _la plus belle ville_ de France.

1. (belle région)   Je trouve que la Bretagne est _____ de France.

2. (beau monument)   Je trouve que la Tour Eiffel est _____ de Paris.

3. (grand événement sportif)   A mon avis, le Tour de France est _____
_____ d'Europe.

4. (bon comédien)   A mon avis, Michel Serrault est _____
de France.

5. (bonne cuisine)   A mon avis, la cuisine française est _____
du monde.

112 *cent douze*

6. (beau film) A mon avis, les « Enfants du Paradis » est _____ français.

7. (événement important) Je trouve que la Prise de la Bastille est _____

_____ de l'histoire du 18e siècle.

8. (bonne technique) A mon avis, le TGV a _____

de tous les trains à grande vitesse.

3 **Bilden Sie Sätze, die einen Superlativ enthalten.**

Rue Lecourbe (long, de Paris) _C'est la rue la plus longue de Paris._

1. Le musée du Louvre (important, de Paris)

_____

2. Le musée du Centre Beaubourg (original, de France)

_____

3. St. Tropez (ville, touristique, de France)

_____

4. Astérix et Obélix (personnages connus, du monde)

_____

5. Les vins français (bon, du monde)

_____

6. L'avenue Foch (large, de Paris)

_____

7. Berlin (ville, grand, de l'Allemagne)

_____

4 *Bon – meilleur ?* **Setzen Sie die richtige Form des Adjektivs ein:**

La vie en rose ?

1. Elle a une _____ situation.

2. Elle peut s'offrir toutes les _____ choses de la vie.

3. Quand elle part en vacances, elle va dans les _____ hôtels, mange dans

les _____ restaurants. Et, bien sûr, elle boit les _____ vins.

4. Ses vacances, elle les passe avec son _____ ami, Pierre. Ils se connaissent

depuis quelques années.

5. Et vous, qu'est-ce que vous pouvez faire pour avoir une _____ vie ?

6. Vous avez de _____ idées ?

cent treize **113**

31 Vergleich und Superlativ des Adverbs und des Substantivs

Kennen Sie die Fabel Le lièvre et la tortue von Jean de la Fontaine (1621 – 1695)? (Der Hase und die Schildkröte, entspricht im Deutschen der Fabel von dem Hasen und dem Igel.) Rennen allein hilft nicht. Nachdenken ist wichtig – und Taktik.

Was ist neu in diesem Kapitel?
Zur näheren Beschreibung eines Substantivs brauchen Sie ein Adjektiv:

Vous vous rappelez ?

Blanche-Neige est	plus	jolie	que la Reine.
La Reine est	moins	jolie	que Blanche-Neige.
La Reine n'est pas	aussi	jolie	que Blanche-Neige.

Zur näheren Beschreibung einer Tätigkeit brauchen Sie ein Adverb (marcher vite). Das kennen Sie schon aus ▶ 28.
Übrigens: Bevor Sie die folgenden Erklärungen lesen, beginnen Sie doch mal zur Abwechslung mit der Übung 1, Seite 116. Warum? Kommen Sie selbst darauf.

Tabelle 1

Le lièvre marche	plus	vite	que	la tortue.
La tortue marche	moins	vite	que	le lièvre.
Une tortue marche	aussi	vite	qu'	une autre tortue.

Für den Vergleich des Adverbs gelten die gleichen Stellungsregeln wie für den Vergleich des Adjektivs:

Regel 1

Verb + *plus / moins / aussi* + **Adverb** + *que*

Und nun zum Superlativ des Adverbs:

Tabelle 2

Le lièvre court	le plus vite,
la tortue court	le moins vite.

Regel 2

Verb + le plus / le moins + Adverb

Sie erinnern sich sicherlich erleichtert daran: Das Adverb wird nicht verändert.

Den krönenden Abschluss bilden wie immer die Sonderformen:

Tabelle 3

Adverbien	Komparativ	Superlativ
bien (*gut*)	mieux (*besser*)	le mieux (*am besten*)
mal (*schlecht*)	plus mal (*schlechter*)	le plus mal (*am schlechtesten*)
peu (*wenig*)	moins (*weniger*)	le moins (*am wenigsten*)
beaucoup (*viel*)	plus (*mehr*)	le plus (*am meisten*)

Bis hierhin war alles leicht zu verstehen. Oder? Darum geht's auch sofort weiter mit dem Vergleich der Substantive.

Tabelle 4

La tortue connaît	plus de	ruses que le lièvre.
Le lièvre connaît	moins de	ruses que la tortue.
Une tortue connaît	autant de	ruses qu' une autre.

(*la ruse – die List*)

Das folgende Substantiv steht immer in der Mehrzahl.

Regel 3
Verb + *plus de/autant de/moins de* + Substantiv in der Mehrzahl + *que*

Und dazu sofort auch noch der Superlativ. Dann haben Sie es geschafft!

Tabelle 5

La tortue connaît	le plus de	ruses.
Le lièvre connaît	le moins de	ruses.

Regel 4
Verb + *le plus de/le moins de* + Substantiv

cent quinze **115**

Übungen

1 Superlativ des Adverbs oder des Adjektivs? Kreuzen Sie an.

	Adverb	Adjektiv
1. On a trouvé le restaurant le moins cher de Paris.	▪	▪
2. On a mangé le meilleur steak-frites.	▪	▪
3. Mon amie a trouvé l'hôtel le moins coûteux dans le Ve.	▪	▪
4. C'est moi qui ai le plus mangé.	▪	▪
5. Nous sommes allés dans la plus grande disco de Paris.	▪	▪
6. C'est mon ami qui a dansé le plus longtemps.	▪	▪
7. C'est nous qui avons le moins bu.	▪	▪
8. Le voyage nous a laissé le meilleur souvenir.	▪	▪

2 Ergänzen Sie die Sätze mit den Adverbien aus Tabelle 3. Une drôle de famille – Eine sonderbare Familie.

1. Mon frère travaille bien, de toute façon _____ que moi.

2. De toute la famille, c'est lui qui travaille _____.

3. Mais vous ne connaissez pas ma sœur ! Elle travaille beaucoup, encore

   _____ que mon frère.

4. Finalement, c'est elle qui travaille _____.

5. Et moi ? Je travaille peu. A vrai dire, je travaille _____ possible. C'est grave ?

   Je ne pense pas. J'ai d'autres qualités.

3 Clichés ? ! Vergleichen Sie trotzdem: Benutzen Sie plus/aussi/moins + Adverb + que

(+) Les Allemands se mettent en colère _plus_ facilement _que_ les Suisses.

1. (=) Les Belges se tutoient _____ facilement _____ les Français.

2. (-) Les Autrichiens parlent _____ librement de politique _____ les Allemands.

3. (+) Les Allemands conduisent _____ rapidement (vite) _____ les Français.

4. (-) Les Français mangent _____ vite _____ les Allemands.

5. (+) Le TGV (train à grande vitesse) roule _____ vite _____ le ICE.

6. (+) A l'école, les élèves allemands parlent _____ librement _____ les élèves

   français.

4 Vergleichen Sie die Temperaturen und die Sonnentage im Juli.

31

	juillet C°	heures de soleil par jour
Alger	25	8
Berlin	19	5
Bruxelles	17,5	4
Francfort	20	5
Genève	20	5
Montréal	21,5	5
Paris	20	5
Vienne	20	5

a) En juillet, il fait aussi/un peu/beaucoup plus/moins froid/chaud

1. _____ à Genève qu'à Berlin.

2. _____ à Alger qu'à Vienne.

3. _____ à Montréal qu'à Bruxelles.

4. _____ à Francfort qu'à Paris.

5. _____ à Bruxelles qu'à Vienne.

b) A ..., il y a autant/un peu/beaucoup/plus/moins de soleil que

1. A Alger _____ à Vienne.

2. A Berlin _____ à Alger.

3. A Francfort _____ à Genève.

4. A Montréal _____ à Bruxelles.

5. A Paris _____ à Alger.

cent dix-sept **117**

32 Die direkten Objektpronomen le, la, les

- Tu lis le journal tous les jours ?
- Oui, je lis le journal après le petit-déjeuner. Et toi, tu lis aussi le journal le matin?
- Non, je lis le journal le soir après le travail.

Im obigen Dialog ist zwar kein Fehler, aber trotzdem würde kein Franzose so reden! Die Unterhaltung wirkt umständlich und schwerfällig. Man würde spätestens ab dem 2. Satz le journal ersetzen. Wie? Das sehen Sie in diesem Kapitel.

In dem Dialog ist le journal ein direktes Objekt (im Deutschen entsprechend Akkusativ / 4. Fall). Die Ergänzung (le journal) wird direkt hinter das Verb (lis) gesetzt.

Tabelle 1

Tu lis **le** journal le matin ?	Oui, je **le** lis après le petit-déjeuner.
Tu regardes souvent **la** télé ?	Oui, je **la** regarde tous les soirs.
Tu connais **les** films de Chabrol ?	Oui, je **les** connais bien.

Regel 1
le, la, les + **konjugiertes Verb**

Zum Glück ändert sich die Regel 1 auch bei der Verneinung nicht.
Je ne la connais pas.

Das direkte Objektpronomen (le, l'/ la, l' / les) kann auch ein Possessivpronomen oder Demonstrativpronomen ersetzen, z. B.:
Tu connais **ma** mère ? – Oui, je **la** connais.
Tu connais **ce** type ? – Oui, je **le** connais trop bien.

118 *cent dix-huit*

Nun kann es weitergehen. Was fällt Ihnen in Tabelle 2 bezüglich der Objektpronomen auf?

Tabelle 2

Pourquoi fais-tu **ce** travail maintenant ?	Je dois **le** rendre demain.
Tu veux regarder **la** télé?	Oui, je veux **la** regarder maintenant.
Tu ne connais pas **les** Duclos ?	Tu peux **les** rencontrer ce soir.

So ist es! Nach dem konjugierten Verb steht ein Infinitiv (Grundform); das Objektpronomen steht vor dem Infinitiv.

Regel 2
konjugiertes Verb + *le*, *la*, *les* + Infinitiv

Erinnern Sie sich noch?
Das direkte Objektpronomen hat beim passé composé in manchen Fällen Einfluss auf das Partizip Perfekt. Nein? Dann schauen Sie nochmal in ▶ **24** nach. Oder Sie können es hieraus ersehen:

Tabelle 3

Tu as vu **ce** film au cinéma ?	Oui, je **l'**ai vu.
Vous avez regardé **la** télé, hier ?	Oui, je **l'**ai regardée.
Vous avez lu **les** livres de Zola ?	Je **les** ai lus.
Tu as acheté **les** bananes au marché ?	Non, je **les** ai achetées au supermarché.

Einige Verben, die im Deutschen mit dem Dativ (3. Fall / indirektes Objekt) gebildet werden, brauchen im Französischen den Akkusativ (4. Fall / direktes Objekt). Hier sind einige der meist gebrauchten Verben. Eine kleine Geschichte soll Ihnen helfen, sich die entsprechenden Verben besser zu merken:

- Barbara, tu aides ton frère à préparer son test d'anglais ?   aider qn   -   *jdm helfen*
- Hé, moi ? D'accord. Comment ?
- Tu l'écoutes quand il révise son texte.   écouter qn   -   *jdm zuhören*
- Tu le suis pour voir s'il va vraiment à l'école.   suivre qn   -   *jdm folgen*
- Tu l'attends après son cours.   attendre qn   -   *auf jdn warten*
- Tu le félicites quand il a bien travaillé.   féliciter qn   -   *jdm gratulieren*
- Et je le remercie d'avoir gâché (*verdorben*) tout mon après-midi !   remercier qn   -   *jdm danken*

Übungen

1 Le matin de Lise. Durch welches Pronomen können Sie das direkte Objekt ersetzen?

		le	la	les
Je lis le journal avant le petit-déjeuner.		✗	☐	☐
1. Le matin, je prépare le petit-déjeuner.		☐	☐	☐
2. Je réveille les enfants.		☐	☐	☐
3. Mon fils fait encore ses devoirs de maths.		☐	☐	☐
4. Il prend le bus à 7 heures 30.		☐	☐	☐
5. Je dépose la petite à la maternelle.		☐	☐	☐
6. Je rentre et je fais le ménage.		☐	☐	☐
7. Je fais les courses.		☐	☐	☐
8. Je fais la cuisine.		☐	☐	☐

2 Setzen Sie in folgendem Text die passenden Pronomen *le*, *la*, *les* ein.

Lise    Gérard, son fils

G : Maman, je cherche mon pull bleu ?

L : Ecoute, tu _le_ mets depuis trois jours. Prends le pull rouge aujourd'hui.

G : Maman, où sont mes socquettes ?

L : Je ne sais pas, tu _____ laisses traîner partout. Au fait, tu as fait tes devoirs de maths ?

G : Je _____ fais maintenant.

L : Mais non, tu n'as pas le temps. Tu vas manquer ton bus.

G : Je ne _____ manque jamais.

L : Tu n'as pas encore mangé ta tartine.

G : Je _____ mangerai dans le bus. Maman, tu as vu mes chaussures ?

L : Tu _____ laisses toujours devant la porte.

G : O.K. Salut, Maman.

L : Ouff !

3 **Lise et son mari. Son mari rentre et comme tous les soirs, il est de mauvaise humeur. Ordnen Sie die Satzglieder:**

32

Lise prépare le dîner pour lui.   – il / manger / pas / le / veut / ne

Il ne veut pas le manger.

1. Elle propose d'aller voir les voisins.   – supporter / les / pas / il / ne / peut

_____

2. Elle propose d'aller au cinéma voir   – voir / pas / ne / il / veut / le
le nouveau film.

_____

3. Elle propose d'appeler la voisine   – l' / il / pas / ne / appeler / veut
pour garder les enfants.

_____

4. Elle veut aller voir sa sœur et   – pas / ne / garder / les / il / veut
lui demande de garder les enfants.

_____

5. Dominique, une relation de son mari   – voir / son / le / mari / va
téléphone.

_____

6. Lise ne veut plus accepter la situation.   – normale / la / mari / son / trouve

_____

7. Lise veut divorcer.   – pas / mari / ne / la / son /comprend

_____

4 **Lise ne comprend plus rien. Elle se plaint auprès de son amie Fabienne parce que son mari sort tous les soirs avec Dominique. Setzen Sie die Verben ins passé composé.**

« La semaine dernière, il l' _____ *rencontrer* 3 fois. Il l' _____

appeler tous les jours. Il l' _____ *attendre* dans la neige. Il l'

_____ *accompagner* chez le docteur. Il l' _____ *voir* hier, lors

de mon anniversaire. Il l' _____ *féliciter* pour son examen. Il l'

_____ *inviter* au cinéma, au restaurant. Il l' _____ *remercier*

pour la soirée. »

Fabienne : « Dominique homme ou femme ? »

cent vingt et un **121**

33 Die indirekten Objektpronomen lui, leur

- C'est bientôt Noël. Qu'est-ce que tu achètes à ta femme ?
- Je lui achète une perceuse *(Bohrmaschine)*.
- Ah bon ! Et qu'est-ce que tu offres à tes enfants ?
- Je leur offre des outils *(Werkzeuge)*. Et moi, je vais en vacances d'hiver et rentrerai après la rénovation de notre maison.

Ist das bei Ihnen zu Hause auch so?

Im obigen Dialog ist à ta femme bzw. à tes enfants im Französischen ein indirektes Objekt (im Deutschen entsprechend Dativ / 3. Fall). Das indirekte Objekt wird durch eine Präposition (z. B. à, de …) an das Verb angeschlossen.
Was fällt Ihnen in folgender Tabelle auf?

Tabelle 1

Qu'est-ce que tu achètes à ta femme ?	Je lui achète une perceuse.
Qu'est-ce que tu offres à ton père ?	Je lui offre des pinceaux[1].
Et à tes enfants ?	Je leur offre des outils.

Richtig! lui kann sowohl „ihr" als auch „ihm" heißen.

Regel 1
eine Person	lui	+ konjugiertes Verb
mehrere Personen	leur	+ konjugiertes Verb

Die indirekten Objektpronomen (lui, leur) ersetzen nur **Personen**.
Leur hat als indirektes Objektpronomen nie ein –s (= unveränderlich), wohl aber als Possessivbegleiter in der Mehrzahl ▶ 19.
Les parents donnent des conseils à leurs enfants. *(ihren Kindern)*
Les parents leur *(ihnen)* donnent des conseils.

---
[1] Pinsel

122 *cent vingt-deux*

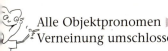

Alle Objektpronomen ▶ **32, 34, 35, 36** stehen direkt beim Verb und werden von der Verneinung umschlossen.

Tu **ne** lui donnes **pas** de parfum ?

Wenn ein Infinitiv folgt, stehen die Objektpronomen lui, leur, genau wie alle anderen Objektpronomen auch, vor dem Infinitiv ▶**32**.

Tabelle 2

| Tu vas donner une perceuse à ta femme ? | Oui, je vais lui donner une perceuse. |
| Tu veux offrir des outils à tes enfants? | Oui, je veux leur offrir des outils. |

Erinnern Sie sich? Bei den direkten Objektpronomen war die Satzstellung die gleiche.

Regel 2
konjugiertes Verb + *lui* + Infinitiv
      leur

Einige Verben, die im Deutschen mit dem direkten Objekt (4. Fall) gebildet werden, brauchen im Französischen das indirekte Objekt (3. Fall). Hier sind einige der meist gebrauchten Verben:

demander à qn	–	*jdn fragen*
téléphoner à qn	–	*jdn anrufen*
parler à qn	–	*jdn sprechen*

 Wir haben jetzt märchenhafte Übungen für Sie.

Übungen

1 Schneewittchen und die sieben Zwerge: Blanche Neige et les sept nains.

1. La reine souhaite du mal à Blanche-Neige. Elle _____ souhaite du mal.

2. La sorcière[1] offre une pomme à Blanche-Neige. Elle _____ offre une pomme.

3. Le prince charmant donne un baiser à Blanche-Neige. Il _____ donne un baiser.

4. Elle dit au revoir aux sept nains. Elle _____ dit au revoir.

5. Elle fait pitié[2] aux enfants. Elle _____ fait pitié.

2 Der gestiefelte Kater: Le Chat Botté. Ersetzen Sie die gekennzeichneten Wörter durch Personalpronomen.

Charles Perrault raconte à ses lecteurs l'histoire du Chat Botté.

Charles Perrault _leur_ raconte l'histoire du Chat Botté.

1. Un meunier laisse un moulin[3], un âne[4] et un chat à ses enfants.

   Un meunier _____ .

2. Il donne le chat au dernier fils.

   Il _____ .

3. Le dernier fils est triste mais le chat dit au dernier fils : je suis ton ami.

   Le dernier fils est triste mais le chat _____ .

4. Le chat fait peur aux paysans[5].

   Le chat _____ .

5. Le roi offre de beaux vêtements au marquis de Carabas.

   Le roi _____ .

6. Le marquis plaît à la fille du roi.

   Le marquis _____ .

7. Plus tard, le roi offre sa fille en mariage au marquis de Carabas.

   Plus tard, le roi _____ sa fille en mariage.

---

[1] Hexe
[2] Leid tun
[3] Mühle
[4] Esel
[5] Bauern

3 Aschenputtel: Cendrillon.

Les sœurs de la princesse donnent à la princesse le nom de Cendrillon.

Les sœurs de la princesse __lui__ donnent le nom de Cendrillon.

1. La fée offre à Cendrillon un carrosse.

   Elle _____.

2. Elle donne à Cendrillon une belle robe.

   Elle _____.

3. Le prince demande une danse à Cendrillon :

   Le prince _____.

4. Elle accorde au prince toutes les danses.

   Elle _____.

5. Il demande à Cendrillon d'être sa femme !

   Il _____.

6. Elle répond oui au prince.

   Elle _____.

34 Die indirekten und direkten Objektpronomen me, te, se, nous, vous

Sie haben bereits in den Kapiteln ▶ 32 und 33 die direkten (le, la, les) und die indirekten (lui, leur) Objektpronomen kennengelernt. Das war doch gar nicht so schwer, nicht wahr? Jetzt wird's noch einfacher!

Tabelle 1

Einzahl	Regarde ces vieilles photos ! Tu **me** vois sur la plage ? C'est Paul. Il **se** baigne avec moi.	- Oui, je **te** reconnais. Et là ? - Oui, je **vous** vois.
Mehrzahl	Là, le maire **nous** reçoit à l'Hôtel de Ville. Et là, Paul et Pierre **se** préparent à leur discours.	- Il **vous** trouve sympa, hein ?

Regel 1
me, te, se, nous, vous, se + **konjugiertes Verb**
me, te, se werden vor Vokal zu *m', t', s'*.

Sie erinnern sich bestimmt: Im verneinten Satz steht das Objektpronomen direkt beim Verb und wird von der Verneinung umschlossen:

Je ne te reconnais pas.

Auch der nächste Punkt dürfte Ihnen bekannt vorkommen.

Tabelle 2

- Tu peux **me** rendre mes photos ?
- Tu peux **nous** faire des épreuves ? *(Abzüge)*
- Je vais **vous** faire une épreuve de chaque photo.

 Klar doch! Steht nach dem konjugierten Verb ein Infinitiv (Grundform), so steht das Objektpronomen vor dem Infinitiv.

Regel 2
konjugiertes Verb + *me, te, se, nous, vous, se* + **Infinitiv**

Sicherlich erinnern Sie sich noch daran, dass das direkte Objektpronomen im passé composé Einfluss auf das Partizip hat. (Sollten Sie Erinnerungslücken haben, dann schauen Sie noch einmal in ▶ 23 nach).

Die Objektpronomen me, te, se, nous, vous, se können sowohl indirekte (Tabelle 3) als auch direkte Objekte (Tabelle 4) ersetzen. Im Präsens braucht Sie das nicht zu kümmern, aber im passé composé wird es interessant. Sehen Sie selbst:

34

Tabelle 3

Einzahl	Monique **m**'a téléphoné. Elle **t**'a déjà montré ses photos de vacances ? Elle **s**'est donné du mal pour les trouver.	m' t' s'	indirektes Objekt
Mehrzahl	Elle **nous** a demandé de faire des épreuves. Elle **vous** a donné les négatifs ?	nous vous	

Regel 3
me, m', te, t', se, s', nous, vous, se, s' = **indirektes Objekt**
→ **Partizip unverändert**

Um welchen « Fall » geht es bei den Sätzen in Tabelle 4?

Tabelle 4

	Einzahl	Mehrzahl
männlich	Pierre : Elodie **m**'a invité ce soir. Elle **t**'a appelé aussi, Frank ?	Robert et Paul : Elle **nous** a invités aussi. Elle **vous** a invités, Frank et Pierre ? Elle **vous** a appelé aussi, M. Brin ?
weiblich	Elodie : La fille au pair **m**'a beaucoup aidée à préparer la soirée. Elle **t**'a aidée aussi, Michèle ? Elle **s**'est levée trop tard.	Marie et Françoise : Elle ne **nous** a pas aidées du tout. Elle ne **vous** a pas aidées. Pourquoi ? Elle **vous** a aidée aussi, Mme Petit ?

Sie hat **mich** eingeladen. Das ist nicht nur sehr freundlich, das ist auch gleichzeitig der 4. Fall / ein direktes Objekt.

Regel 4
me, m', te, t', se, s', nous, vous, se, s' = **direktes Objekt**
→ **Partizip richtet sich in Geschlecht und Zahl nach dem Wort, auf das es sich bezieht.**

Hier vorsichtshalber nochmals die Liste einiger wichtiger Verben, die im Französischen anders gebildet werden als im Deutschen:

dt. : 3. Fall	frz. : direktes Objekt	dt. : 4. Fall	frz. : indirektes Objekt
jdm helfen	- aider quelqu'un	*jdn fragen*	- demander à qn
auf jdn warten	- attendre qn	*jdn anrufen*	- téléphoner à qn
jdm zuhören	- écouter qn	*jdn sprechen*	- parler à qn
jdm gratulieren	- féliciter qn		
jdm danken	- remercier qn		
jdm folgen	- suivre qn		

cent vingt-sept **127**

Übungen

1 **Kreuzen Sie an, ob die Verben in folgenden Sätzen ein direktes oder ein indirektes Objekt nach sich ziehen:**

			direktes Objekt	indirektes Objekt
	Catherine a invité Yves et Paul à un dîner surprise.			
1.	Yves :	Alors, Catherine, pourquoi nous as-tu invités ?	▨	▨
2.	Cath. :	Je ne vous le dis pas maintenant – plus tard.	▨	▨
3.	Paul :	Mais ça nous intéresse.	▨	▨
4.	Yves :	Elle t'a aussi envoyé cette belle carte d'invitation ?	▨	▨
5.	Paul :	Non, elle m'a téléphoné et	▨	▨
6.		elle m'a annoncé une belle surprise.	▨	▨
7.	Yves :	(On sonne.) Elle va nous présenter sa surprise maintenant?	▨	▨
8.	Cath. :	Voilà ! Je vous présente Marcel Picot.	▨	▨
9.	Paul :	Bonjour, Monsieur. Je vous ai déjà vu quelque part?	▨	▨
10.	Yves :	Oui, moi aussi, je pense qu'on se connaît, non ?	▨	▨
11.	Marcel :	Vous avez raison. Je vous suis depuis 2 semaines.	▨	▨
12.		Je vous ai vus lors de votre cambriolage à la banque, à la bijouterie et au supermarché.	▨	▨
13.	Yves :	Vous nous avez suivis ?	▨	▨
14.	Marcel :	Et, maintenant, je vous demande de partager les gains.	▨	▨
	Paul :	Zut, alors !		

2 **Setzen Sie die passenden Pronomen (*me, te, se, nous, vous*) ein und entscheiden Sie, ob die Partizipien verändert werden.**

Paul :   Catherine, tu travailles avec Marcel ? Tu ne nous l'avais pas dit.

Cath. :   Vous ne _____ avez pas demandé ___ . En plus, je ne _____ en ai rien

dit___ parce que vous _____ avez trompé___ . Vous ne _____ avez pas

donné___ ma part. Vous n'avez rien dit de votre coup du supermarché.

C'est Marcel qui _____ avait informé___ du coup.

128 *cent vingt-huit*

Yves : Mais, écoute, Catherine, on _____ a informé____ , mais tu n'étais pas
intéressée. Tu ne _____ as pas aidé___ à faire les préparatifs. C'est pour
cela qu'on ne _____ a pas fait participer. Et pour le reste, on _____ a donné
___ ta part. Je le jure.

Marcel : Ne _____ disputez pas. Si vous _____ acceptez, je peux _____ livrer un
plan à 100 % sûr pour un coup à l'Hôtel Excelsior. La semaine prochaine,
il y a un grand banquet. Ecoutez ! ...

3 **Après le banquet. Setzen Sie wieder die fehlenden Pronomen ein und gleichen Sie die Partizipien an, wenn nötig. Achtung! Dieses Mal haben Sie zusätzlich noch die Pronomen *le, la, les, lui, leur, se* zur Auswahl.**

Paul : Alors, ça _____ est bien passé____ , hier ?

Marcel : Et comment ! Catherine a flirté avec M. Dollard, le millionnaire. Elle
_____ a fait les yeux doux. Ils _____ sont bien amusé____ . Je _____ ai
observé____ , mais M. Dollard ne _____ a pas remarqué. A un moment
donné, je _____ ai pris___ son porte-monnaie : 5 000 €, des cartes de
crédit et plusieurs chèques. Je _____ ai déjà touché____.[1]

Cath. : Après, je _____ suis caché___ dans le vestiaire. Il y avait tant de man-
teaux que la dame ne _____ a pas vu____ . J'ai pris au moins 20 man-
teaux en cuir et en fourrure[2]. Je _____ ai passé____ par une petite fenêtre
donnant sur la cour. Après je _____ ai mis___ dans ma voiture. J'ai déjà
trouvé un marchand. Et, où est Yves ?

Paul : Yves a flirté avec la fille d'un milliardaire. Il _____ a suivi___ après le
banquet et _____ a invité____ au casino. Là, il a gagné gros. Je _____ ai
vu____ ce matin, main dans la main.

----
[1] eingelöst
[2] Leder- und Pelzmäntel

cent vingt-neuf **129**

35 En

In der Kürze liegt die Würze!

Tabelle 1

Vous buvez	de la limonade ?	Oui, j'	en bois.
Prenez-vous	du café ?	Non, merci. Je n'	en bois pas.
Voulez-vous	de l'eau minérale ?	Oui, merci. J'	en prends un verre.
Vous avez	des chiens ?	Oui, j'	en ai trois.
Et vous avez	des chats ?	Oui, j'	en ai plusieurs.

Regel 1
de + **Sache** → *en*

Tabelle 2

A quelle heure es-tu sorti(e) de la discothèque ?	J'en suis ressorti(e) vers 4h du matin. *en: von dort, daraus, daher.*
Nous revenons du marché aux Puces.	Nous en avons rapporté une table. *en: von dort*
Je reviens d'une excursion. Ils rentrent des Etats-Unis.	J'en ai rapporté des souvenirs. Ils en sont revenus hier.

Regel 2
de + **Ortsangabe** → *en*

Was fällt Ihnen bei der Stellung von en in den zwei Tabellen auf?

 Richtig! En steht immer *vor* dem Verb.

Noch zwei Hinweise:

Tu as besoin **de la voiture** aujourd'hui ? – Non, je n'**en** ai pas besoin.

Diese Konstruktion ist Ihnen vertraut. Jetzt aber wirklich etwas Neues:
Mon ami est parti, je me sens seule. J'ai besoin **de lui**.

Regel 3
En **ersetzt keine Personen.**

130 *cent trente*

Übungen

35

1 Die Mutter bietet ihrem Sohn etwas zu essen an:

Tu veux de la salade de tomates ?   – Oui, *j'en veux.*

1. Tu prends du pain ?   – Oui, _____
2. Tu manges aussi de la charcuterie[1] ?   – Oui, _____
3. Tu bois de la grenadine[2] ?   – Oui, _____
4. Tu as assez de légumes ?   – Oui, _____
5. Tu ne prends pas de dessert alors ?   – Si, _____

2 Am Tag darauf macht der Sohn eine Diät:

Tu veux de la salade de tomates ?   – Non, *je n'en veux pas.*

1. Tu prends du pain ?   – Non, _____
2. Tu manges de la charcuterie ?   – Non, _____
3. Tu bois de la grenadine ?   – Non, _____
4. Tu as assez de légumes ?   – Non, _____
5. Tu ne prends pas de dessert alors ?   – Non, _____

3 Beantworten Sie die Fragen: Voyage, voyage !

Tu reviens de Corse ? *Oui, j'en reviens.*

1. Vous sortez du train ? _____
2. Tu reviens d'Italie ? _____
3. Tu parles de ton voyage en Suisse ? _____
4. Vous recevez des lettres d'Espagne ? _____

4 Freizeitbeschäftigungen:

Tu joues de la flûte ? *Non*   – *Non, je n'en joue pas.*

1. Tu joues des castagnettes ? *Non* _____
2. Ils jouent de l'accordéon ? *Oui très bien* _____
3. Vous jouez du violon ? *Oui mais vraiment très mal* _____
4. Elle joue de la harpe ? *Un peu* _____
5. Vous faites de la danse ? *Oui avec beaucoup de plaisir* _____

---

[1] Wurstwaren
[2] Sirup aus roten Früchten

cent trente et un **131**

36   y

« Honni soit qui mal y pense »

„Ein Schelm, der Böses dabei denkt" (was wohl?) war die französische Devise des englischen Hosenbandordens. Dieses Kapitel ist genauso harmlos wie das vorherige! Übrigens: Eine Hilfe für das Verstehen des Pronomens y gibt die lateinische Sprache: y kommt nämlich von „ibi" und bedeutet „da, dort, hier".

Tabelle 1

Vous allez à Tours ?	Nous y allons aussi.	*dorthin*
Vous allez au match de tennis ?	Non, nous n'y allons pas.	*dorthin*
Nous habitons dans une villa.	Nous y vivons depuis 4 ans.	*dort*
Je suis chez moi.	J'y suis tout l'après-midi.	*dort*
Actuellement, nous sommes en Espagne.	Nous y restons deux mois.	*dort*
J'ai laissé le livre sur le bureau.	Il s'y trouve toujours.	*dort*

Regel 1   à, sur, sous, dans, en, chez... + Ortsangabe = y

Tabelle 2

Tu penses à la clé ?	Oui, j'y pense.	*daran*
Il joue au loto ?	Oui, il y joue souvent.	-
Vous réfléchissez à mon problème ?	Oui, nous y réfléchissons.	*darüber*
Vous jouez aux cartes ?	Nous y jouons tout le temps.	*damit*

Regel 2   à + Sache = y

Was fällt Ihnen bei der Stellung von y in den zwei Tabellen auf?

Richtig! y steht vor dem Verb.

y ersetzt niemals Personen. Abgesehen von „chez + Person" (in der Umgangssprache).
Beispiel: Je pense à ma mère.   →   Je pense à elle.
               Je pense à mes amis.   →   Je pense à eux.

Häufig benutzt werden die Formen: Vas-y und Allez-y (Los! Auf geht's!)

Und wenn Sie es genau wissen wollen: Bei der bejahten Befehlsform steht y immer hinter der Befehlsform und wird mit einem Bindestrich angeschlossen.

Penses-y ! (*Denke daran!*)

Übungen

36

1 Die Mutter kümmert sich um die Hausaufgaben ihres nicht immer fleißigen Sohnes:

1. Tu penses à tes devoirs ?

   - Oui, _____

2. Tu tiens à[1] avoir une bonne note ?

   - Oui, _____

3. Tu participes à un cours particulier ?

   - Oui, _____

4. Tu fais attention à tes livres ?

   - Oui, _____

5. Tu regardes souvent dans le dictionnaire ?

   – Oui, _____

6. Tu es attentif aux remarques de tes profs ?

   – Oui, _____

2 Le bistrot : Y ? En ?

1. Le bistrot, c'est un mode de vie, un lieu de rencontre avec ses codes et ses rites.

   On _____ va pour _____ prendre un verre,

2. _____ manger un sandwich, pour _____ retrouver des amis,

3. pour _____ parler, pour _____ prendre rendez-vous avant d'aller au cinéma.

4. On _____ va aussi avant de rentrer à la maison, après le travail, pour se décontracter.

5. – « Quand partez-vous en vacances ? »

6. – « Je _____ reviens justement. Regardez, je _____ ai rapporté de jolis souvenirs. »

7. – « Quels sont vos prochains projets de travail ? »

8. – « Je _____ ai même plusieurs. Mais ne _____ parlons pas maintenant. On est

   là pour se détendre un peu non ? »

9. – « D'accord. On _____ parlera une autre fois. »

10. En hiver, on peut se _____ réchauffer avant de continuer son chemin.

11. Quand il fait beau, c'est si agréable de s'installer à la terrasse d'un bistrot. On

    peut _____ passer son temps à regarder et écouter les gens.

12. – « Un croque-monsieur, s.v.p. »

13. – « Je regrette. Il ne _____ reste plus. Un sandwich au jambon ? »

14. – « D'accord. Je _____ prends un. »

15. Le bistrot est en danger. Chaque année près de 4000 bistrots ferment. Alors,

    allez-_____ maintenant. On vous _____ attend.

___
[1] Wert legen auf

cent trente-trois **133**

37 Die Stellung der Objektpronomen

La vie en rose

Quand il **me** prend dans ses bras	Wenn er mich in seine Arme nimmt
Il **me** parle tout bas [...]	Er spricht leise mit mir
Il **me** dit des mots d'amour [...]	Er sagt mir Worte der Liebe
Et ça **me** fait quelque chose. [...]	Es rührt mich
C'est lui pour moi,	Er ist für mich da
Moi pour lui dans la vie	Und ich für ihn, fürs Leben
Il **me** l'a dit,	Er hat es mir gesagt
Me l'a juré, pour la vie.	Es mir geschworen fürs Leben.

(E. Piaf / Louiguy 1947)

 Was wäre aus dem schönen Chanson von Edith Piaf geworden, wenn sie keine Personalpronomen zu Verfügung gehabt hätte?

direkte Pronomen			indirekte Pronomen		
il	me	prend dans ses bras	il	me	dit des mots d'amour
il	te	prend dans ses bras	il	te	dit des mots d'amour
elle/il	se	réjouit, quand elle/il	elle/il	lui	dit des mots d'amour
	la	voit (sa fille)			(à elle *oder* à lui)
elle/il	se	réjouit, quand	il/elle	se	donne du courage
elle/il	le	voit (son fils)			
Edith Piaf	nous	fascine	E. Piaf	nous	chante une chanson
elle	vous	fascine	elle	vous	chante des chansons
ils	se	réjouissent quand	ils	se	disent des mots
ils	les	voient (les enfants)			d'amour (entre-eux)
elles	se	réjouissent quand	elles	se	disent des mots
elles	les	voient (les enfants)			d'amour (entre-elles)
			ils/elles	leur	disent des mots
					d'amour (aux enfants)

Rückbezügliche Pronomen: Sie/er freut **sich**, sie freuen **sich**. Er/sie gibt sich...

Wenn Sie sich Tabelle 1 ansehen, erinnern Sie sich bestimmt an

Regel 1
Das Pronomen steht vor dem konjugierten Verb.

Er liebt sie und hat es ihr gesagt und hat es ihr geschworen:
Il **me l'**a dit, il **me l'**a juré : il **le lui** a dit, il **le lui** a juré.

Wie ist das, wenn mehrere Pronomen gleichzeitig benutzt werden? In diesem Fall müssen Sie auf eine bestimmte **Reihenfolge** achten, hier ist sie:

Regel 2

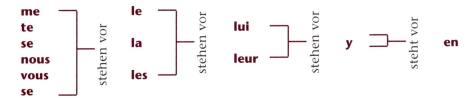

Was stellen Sie fest bei diesem bekannten Liebeslied?
« Parlez-moi d'amour ! Redites-moi des choses tendres ! » : so fängt Lucienne Boyer in den 30er Jahren an zu singen.

Genau! Regel 1 gilt nicht mehr. Warum? Hier haben wir eine Befehlsform: beim bejahten Imperativ gilt

Regel 3
Imperativ + Bindestrich + das betonte Personalpronomen

Wo stehen die Pronomen beim Imperativ, wenn mehrere vorkommen?

Dis-**moi** des mots d'amour ! Dis-**les-moi** ! Dis-**moi-les** !
Dis-**les-lui** !
Donne-**moi** des preuves d'amour ! Donne-**m'en** !

Regel 4
moi, toi, nous, vous **vor oder nach** *le, la, les*
le, la, les **vor** *lui* **und** *leur*
y **und** *en* **zum Schluss**
moi en → *m'en, toi en* → *t'en*

Sie haben schon das passé composé kennen gelernt. Aber wissen Sie, wie die Reihenfolge aussieht, wenn Sie ein Pronomen oder mehrere benutzen wollen? Es gelten Regel 1 und Regel 2:

- Tu as vu mon parapluie ?
- Oui, je te l'ai donné tout à l'heure.

• Où sont les photos ?
• Nous vous les avons montrées tout à l'heure.

Ne vous en faites pas : vous allez y arriver.
Machen Sie sich keine Sorgen, Sie werden es schaffen.

cent trente-cinq **135**

Übungen

37

1 Eine schwierige Situation: *y, le, l', la, lui, me, m', t', te, en?*

Die Freundinnen Eve und Anne unterhalten sich über Annes Freund:

Eve : Tu _____ as dit que tu es malade ?

Anne : Non, je n' _____ ai pas pensé. Mais il doit _____ savoir, ma mère

_____ _____ a parlé.

Eve : Tu _____ as vu hier ?

Anne : Non, je _____ ai attendu deux heures et il n'est pas venu. Il _____ a

téléphoné le lendemain pour _____ dire : « Je _____ ai oubliée hier ».

Eve : Alors ?

Anne : Eve, si je _____ dis que je suis très en colère contre lui, est-ce que tu

_____ crois ?

Eve : Bien sûr.

Anne : Je ne veux plus _____ voir et encore moins _____ parler, d'ailleurs,

c'est simple, je ne _____ aime plus !

Eve : Tu _____ es sûre ?

Anne : Tu crois qu'il va venir _____ voir ? Je _____ ennuie toute seule

sans _____ , il _____ manque !

Mais ne _____ dis pas, je ne veux pas qu'il _____ sache[1].

2 Wie Sie sehen, klingen die folgenden Sätze künstlich. Benutzen Sie deshalb so viele Personalpronomen wie möglich. Die Verkäuferin will viel verkaufen:

Madame, voilà ce bonnet, je donne le bonnet à vous, prenez le bonnet, essayez

le bonnet. Le bonnet va bien à vous. Achetez le bonnet à moi.

Madame, voilà ce bonnet, je vous le donne, prenez-le, essayez-le. Il vous va bien.

Achetez-le moi !

1. Monsieur, voilà une superbe cravate, je montre la cravate à vous, prenez la

cravate, essayez la cravate, vous allez voir : la cravate va bien à vous !

Monsieur, voilà une superbe cravate

[1] erfährt

136 *cent trente-six*

2. Mademoiselle, voilà un jean, je donne le jean à vous, essayez le jean, si ça ne va pas, redonnez le jean à moi.

Mademoiselle, voilà un jean

3. Les enfants, voilà des gants[1], mettez les gants dans vos mains, regardez bien les gants et vous allez voir : vous allez acheter les gants à moi.

Les enfants, voilà des gants

3 **Die Autoschlüssel: _en, l', la, les, leur, me, te, y_? Ergänzen Sie den Lücken-text. Die „(unübliche!) grammatische" Übersetzung hilft Ihnen dabei.**

Anatole : Sag' mal, hast du sie nicht gesehen?
France : Wo hast du sie hingelegt?
Anatole : Ich habe sie dir gegeben.
France : Nein, du hast sie auf deinen Schreibtisch gelegt.
Anatole : Darauf habe ich sie nicht gelegt.
France : Gut, ich habe sie vor dir versteckt. Hast du den Nachbarn die Bohrmaschine zurückgegeben? Sie haben mich danach gefragt.
Anatole : Ich werde sie ihnen morgen zurückgeben. Ich brauche sie noch.
France : Aber sie haben sie dir vor drei Monaten geliehen. Gib' sie ihnen wieder!
Anatole : Ich gebe sie ihnen nur zurück, wenn du mir meine Schlüssel suchst und sie mir zurückgibst!
France : Also gut. Suche sie in deiner Schublade. Ich habe sie (dir) dort heute morgen hineingelegt. Nächstes Mal räume sie gut auf.

Où sont mes clés ?

Anatole : Dis, tu ne ____ as pas vues ?

France : Tu ____ as mises où ?

Anatole : Mais je ____ ____ ai données.

France : Non, tu ____ as posées sur ton bureau.

Anatole : Non, je ne ____ ____ ai pas posées.

France : Bon. Je ____ ____ ai cachées. Et toi, tu as rendu la perceuse aux voisins ? Ils ____ ____ ont demandée.

Anatole : Je vais ____ ____ rendre demain. J' ____ ai encore besoin.

France : Mais ça fait trois mois qu'ils ____ ____ ont prêtée. Rends-____ ____ !

Anatole : Je ne ___ ___ rends que si tu ___ cherches mes clés et ___ ___ redonnes !

France : Bon, alors, cherches- ____ dans ton tiroir. Je ____ ____ ____ ai mises ce matin ! La prochaine fois, range- ____ bien.

---
[1] Handschuhe

38 Le conditionnel présent

- Je ne voudrais pas le rendre malade avec mon rhume...!

© Almanach Vermot 1998
Publications Georges Ventillard
2-12 rue de Bellevue
75019 Paris

Sie sehen, wie nützlich das conditionnel présent in allen Lebenslagen sein kann. In diesem Kapitel erfahren Sie, welche sprachliche Bereicherung das conditionnel für Sie bereit hält.

Wann können / sollten Sie das conditionnel présent benutzen? Als höflicher Mensch bei Bitten, bei der Äußerung von Wünschen oder wenn Sie Ratschläge geben möchten.

Übrigens: einige conditionnel-Formen kennen Sie schon lange.
Pourriez-vous me donner...   Könnten sie mir ... geben
J'aimerais...   Ich würde gern...
Je voudrais...   Ich möchte... / hätte gern...

Das conditionnel présent eignet sich auch hervorragend für die Wiedergabe von Äußerungen anderer bzw. zur Weitergabe nicht bestätigter Meldungen (Fernsehen, Rundfunk, Presse).

Tabelle 1

Infinitiv	Verb	Endung	
donner	Je lui donne	rais	mon adresse.
sortir	Tu sorti	rais	avec moi ?
écrire	Il / elle m'écri	rait.	C'est sûr.
attendre	Nous l'attend	rions	à la gare.
partir	Vous parti	riez	sans moi ?
prendre	Ils / elles prend	raient	le train.

Natürlich erinnern Sie sich auch sofort an die Bildung des futur simple. Und Sie freuen sich, dass Sie auf Anhieb verstanden haben: das conditionnel présent wird vom gleichen Stamm abgeleitet wie das futur simple. ▶ 22

Regel 1
bei Verben auf –er
conditionnel présent = 1. Person Einzahl der Gegenwart + –rais, –rais, –rait, –rions, –riez, –raient

Kommen Ihnen diese Endungen in irgendeiner Weise bekannt vor?

 So ist es. Sie erinnern stark an das imparfait.

Regel 2
Bei den anderen Verben
conditionnel présent = Infinitiv bis zum –r + Endungen

Ihnen dürfte es jetzt leicht fallen, die Verben in Tabelle 2 in die passende Form des conditionnel présent zu bringen:

Tabelle 2

Verb	Futur	Conditionnel
avoir	j'aurai	
être	je serai	
faire	je ferai	
aller	j'irai	
savoir	je saurai	
recevoir	je recevrai	
devoir	je devrai	
falloir / il faut	il faudra	
pleuvoir / il pleut	il pleuvra	
voir / envoyer	je verrai / j'enverrai	
pouvoir	je pourrai	
vouloir	je voudrai	
venir	je viendrai	
tenir	je tiendrai	

Tabelle 3

Je voudrais vous demander un renseignement.	Ich möchte Sie um eine Auskunft bitten.
Pourriez-vous me donner un prospectus de l'hôtel ?	Könnten Sie mir einen Prospekt Ihres Hotels geben?
J'aimerais bien passer ma vie avec toi.	Ich würde gern mein Leben mit dir verbringen.
A ta place, je n'irais pas.	An deiner Stelle würde ich nicht hingehen.
Le train arriverait en retard.	Der Zug soll Verspätung haben.
Il pleuvrait toujours en Bretagne.	In der Bretagne soll es (angeblich) immer regnen.

Übungen

1 **Portrait-robot. Die Polizei sucht eine verdächtige Person, deren Beschreibung eher unsicher ist.**
Setzen Sie deshalb die Verben ins conditionnel présent.

Il *être* _____*serait*_____ grand.

1. Il *porter* _____ une barbe ou une moustache.

2. Il *avoir* _____ les yeux bleus ou gris-bleu.

3. Il *venir* _____ de Casablanca.

4. Il *parler* _____ avec un accent suisse.

5. Il *se promener* _____ avec un chien berger allemand.

6. Il *sortir* _____ surtout l'après-midi.

7. Il *fréquenter* _____ les discothèques.

8. Il *aimer* _____ la cuisine chinoise.

9. Il *devoir* _____ se trouver dans la région lyonnaise.

10. Si vous voyez cet individu, ce *être* _____ gentil d'appeler la police.

2 **Vorurteile? Préjugés ? Setzen Sie die Verben ins conditionnel présent.**

1. Les Allemands *sont* _____ disciplinés.

2. Les Allemands *boivent* _____ de la bière.

3. Ils *aiment* _____ le football.

4. Ils *sont* _____ très sportifs.

5. Les Allemands *ont* _____ le sens de l'humour.

6. Ils ne *manquent* _____ presque jamais à leur parole.

7. Ils *dépensent* _____ beaucoup d'argent pour leur nourriture.

8. Ils *vont* _____ souvent au restaurant.

9. La langue allemande *se prête*[1] _____ mieux à la précision que la langue française.

10. Les Français et les Allemands n'*acceptent* _____ pas les préjugés.

_____
[1] eignet sich

140 *cent quarante*

3 **Au cours de français. Ergänzen Sie den Dialog mit der passenden Form des conditionnel présent der Verben *aimer, dire, donner, pouvoir, vouloir*.**

1. (Je / J') _____ vous poser une question. Quelle est la différence entre le futur proche et le futur simple ?

2. Excusez-moi, j'ai mal entendu. _____ – vous répéter la question ?

3. (Je / J') _____ connaître la différence entre les deux futurs.

4. Bien écoutez...

5. Et vous chère lectrice, cher lecteur, quelle réponse _____ -vous à la place du professeur ?

6. Moi, je _____ que la différence...

4 **Le bibliophile. Ersetzen Sie *dès que* durch *si* und ersetzen Sie das Verb im imparfait durch das conditionnel *présent*.**

Dès que M. Zameleur avait de l'argent, il *achetait* des livres.

Si M. Zameleur avait de l'argent, il achèterait des livres.

1. Il *choisissait* les plus beaux livres.

Si M. Zameleur avait de l'argent, il _____

2. Il *triait*[1] les vieux livres des livres neufs.

_____

3. Il *réparait* les livres abîmés[2].

_____

4. Il *recollait* les pages déchirées[3].

_____

5. Il *rangeait* les livres suivant leur taille.

_____

6. Il *achetait* de nouvelles bibliothèques.

_____

7. Puis il *s'installait* dans un fauteuil et

_____

8. *admirait* sa collection de livres.

_____

_____
[1] sortieren
[2] beschädigt
[3] zerrissen

cent quarante et un **141**

39 Bedingungssätze mit « si »

Was würden Sie tun, wenn Sardinen Flügel hätten, der Papst in Paris wohnte, die Tür das Fenster wäre etc.?

Eine Antwort darauf gibt Ihnen ein Gedicht von Jean-Luc Moreau. Aber dazu später. Was wirklich passiert, wenn..., darüber geben erst einmal die Tabellen Auskunft.

Tabelle 1

Si-Nebensatz	Hauptsatz
Si tu veux grandir	mange de la soupe.
Si vous m'envoyez une carte	ça me fera plaisir.
S'il fait beau	nous ferons une longue promenade.

oder umgekehrt:

Hauptsatz	Si-Nebensatz
Il va rentrer chez lui	si elle n'arrive pas à l'heure.
Je partirai seul(e)	si tu ne viens pas.

Der Nebensatz mit si kann **vor** oder **nach** dem Hauptsatz stehen.
si + il = s'il
si + elle = si elle

Regel 1
Si-Nebensatz in der Gegenwart → Hauptsatz in der Gegenwart/im Futur

Merke: Nach si (= wenn) steht **nie** das Futur.

Tabelle 2

Si-Nebensatz	Hauptsatz
Si j'étais toi	je recommencerais encore une fois.
S'il avait plus d'argent	il s'achèterait une moto.
Si vous preniez l'avion	ça serait moins stressant.
Si tu n'étais pas malade	tu pourrais nous accompagner.

Regel 2
Si-Nebensatz im imparfait → Hauptsatz im conditionnel présent

Übungen

39

1 Pierre est amoureux fou. Ersetzen Sie *dès que* durch *si* und setzen Sie das Verb in die richtige Zeit.

Dès que je la vois, je sens mon cœur battre.

Si je la voyais, je sentirais mon cœur battre.

1. Dès qu'elle arrive, je l'aide à enlever son manteau.

   Si _____

2. Dès qu'elle me sourit, je lui rends son sourire.

   Si _____

3. Dès qu'elle me regarde, je baisse les yeux.

   Si _____

4. Dès que je lui parle, je bégaie[1].

   Si _____

5. Dès que je la touche, je perds la tête.

   Si _____

6. Dès qu'elle part, je suis triste.

   Si _____

2 Si... Setzen Sie die Verben ins imparfait oder ins conditionnel présent.

1. Si la sardine *avoir* _____ des ailes,
2. Si Gaston *s'appeler* _____ Gisèle,
3. Si l'on *pleurer* _____ lorsque l'on rit,
4. Si le Pape *habiter* _____ Paris,
5. si l'on *mourir* _____ avant de naître,
6. Si la porte *être* _____ la fenêtre,
7. Si l'agneau *dévorer* _____ le loup,
8. Si les Normands *parler* _____ zoulou,
9. Si la Mer Noire *être* _____ la Manche

   Et la Mer-Rouge la Mer Blanche,
10. Si le monde *être* _____ à l'envers,
11. Je *marcher* _____ les pieds en l'air,
12. Le jour je *garder* _____ la chambre,
13. J'*aller* _____ à la plage en décembre,
14. Deux et un ne *faire* _____ plus trois...

    Quel ennui ce monde à l'endroit.

© « Si ... » de Jean-Luc Moreau,
in *La nouvelle guirlande de Julie*
de Jacques Charpentreau, Les
Editions de l'Atelier, 1981

---

[1] stottern

cent quarante-trois **143**

40 Relativpronomen

In diesem Kapitel lernen Sie, ökonomischer mit der Sprache umzugehen. Sie können aus 2 Sätzen einen machen. Dazu brauchen Sie eine Verbindung – das Relativpronomen. Was fällt Ihnen in der folgenden Tabelle auf?

Tabelle 1

Un monsieur téléphone	à sa femme à son ami à sa secrétaire	qui	l'attend pour le dîner. a annoncé sa visite. habite près du bureau.
Il envoie	une lettre un fax des messages	qui	est presque un poème. est urgent. sont adressés à ses clients.

 Sie haben es herausgefunden? Jawohl! Qui ersetzt Personen und Sachen. Qui ist unveränderlich.

Regel 1 *qui* ersetzt ein Subjekt

Da qui ein Subjekt vertritt, wird das folgende Verb entsprechend konjugiert, z. B. C'est moi qui **ai** lu l'article. C'est nous qui **sommes** partis les premiers.

Wodurch unterscheidet sich Tabelle 2 von Tabelle 1?

Tabelle 2

Le monsieur	que	nous ne connaissons pas encore s'appelle Jacques Malin.
Le fax	qu'	il a envoyé arrive trop tard.
La lettre	qu'	il a écrite n'est pas adressée à sa femme.
Les messages	que	ses clients ont reçus sont très importants.

 Genau! Que ist ein direktes Objekt (den, die, das...). Que steht für Personen und Sachen. Que wird vor a, e, i, o, u und stummen h zu qu'.

Regel 2 *que* ersetzt ein direktes Objekt

Die Partizipien des qui bzw. que-Satzes richten sich in Geschlecht und Zahl nach dem Wort, das sie ersetzen.

Ein kleiner Trick, der Ihnen hilft, den Unterschied zwischen qui und que schneller herauszufinden:
- Nach qui steht immer ein Verb (manchmal mit einem Objektpronomen davor, z. B. Un monsieur qui me téléphone...)
- Nach que steht immer ein Name, ein Substantiv oder je, tu, il, elle...

In den obigen Tabellen bezieht sich das Relativpronomen auf ein Substantiv: une lettre qui / le monsieur que. Was tun, wenn kein Beziehungswort vorhanden ist, wie z. B. in dem Satz: Ich tue, **was** mir gefällt. Im Deutschen löst man diesen Fall mit **(das) was**. Sehen Sie, wie in der französischen Sprache der Fall gelöst wird:

Tabelle 3

Vous savez	ce qui	va arriver à Jacques Malin ce soir ?
Devinez	ce qui	va se passer ce soir.
	Ce qui	s'est passé, c'est tragique.
Vous savez	ce que	Jacques va faire ce soir ?
Devinez	ce que	Jacques a dit à sa femme au téléphone.
(Tout)	ce que	la secrétaire sait, elle le dit à la femme de Jacques.

Ce wird vor qui oder que gestellt.

Regel 3   *ce qui* = **Subjekt (wer oder was?)**
              ce que = **Objekt (wen oder was?)**

Es gibt noch andere Relativpronomen. Finden Sie in den folgenden Tabellen heraus, was jeweils durch das Relativpronomen ersetzt wird.

Tabelle 4

| Jacques va dans la maison | où | habite sa secrétaire. |
| A l'heure | où | Jacques arrive chez sa secrétaire, sa femme... |

Genau! Où steht für einen Ort und für eine Zeit. Où ist unveränderlich.

Regel 4   *où* ersetzt Orts- und Zeitbestimmungen

Bis hierhin war es doch leicht, nicht wahr? So wird es auch weitergehen. Ehrenwort! Sie lernen jetzt das Relativpronomen dont kennen. Was stellen Sie fest?

Tabelle 5

		Subjekt	Verb	Objekt	
La secrétaire	dont	Jacques	est	amoureux a reçu sa lettre.	être amoureux de...
La lettre	dont	la secrétaire	a parlé	est un poème.	parler de...
Jacques	dont	la femme	est	jalouse est...	la femme de...

Richtig! Dont steht für Personen und Sachen (männliche und weibliche Substantive in der Einzahl und in der Mehrzahl). Dont ist unveränderlich. Nach dont folgt immer Subjekt – Verb – Objekt.

Regel 5   *dont* vertritt die Ergänzung eines Adjektivs, eines Verbes oder eines Substantivs mit *de*.

Übungen

1 Setzen Sie *qui* oder *que* ein:

 C'est M. Malin

 C'est Mme Malin

_____ est le chef d'une grande entreprise,

_____ tout le monde connaît,

_____ la secrétaire déteste,

_____ se trouve irrésistible[1].

_____ est mariée depuis 10 ans,

_____ son mari trompe souvent,

_____ la secrétaire tient au courant de la liaison,

_____ invente une ruse[2] avec la secrétaire.

 C'est la secrétaire

_____ M. Malin va voir ce soir,

_____ M. Malin a embauchée il y a 2 semaines,

_____ raconte tout à Mme Malin.

_____ s'entend bien avec Mme Malin.

---

[1] unwiderstehlich
[2] Hinterlist

2 **Setzen Sie im folgenden Text die fehlenden Relativpronomen ein:**
ce que, ce qui (2 x), dont (3 x), où, qu' (2 x), qui (4 x).

40

Paul, un criminel, _____ est auteur de plusieurs polars[1], s'est évadé de prison

_____ il aurait dû rester 10 ans. Dans ses romans _____ on connaît bien en

France, il décrit en détail les coups _____ il a faits et _____ on se souvient

très bien. C'étaient des coups intelligents _____ ont trouvé beaucoup de

mauvais imitateurs _____ veut dire que pour la police, pendant un certain

temps, il était assez facile d'attraper les malfaiteurs _____ la police connaissait

bien le mode d'action. _____ les lecteurs apprécient dans ces livres, c'est que

Paul a très bien su décrire l'atmosphère _____ y règne, les outils _____ il

avait besoin, les personnes _____ ont travaillé avec lui, sans révéler leurs

noms _____ n'a pas facilité le travail de la police. Ils n'ont jamais réussi à

attraper ses copains.

3 **Kennen Sie das Chanson « La fleur aux dents » von Joe Dassin?**
Wir stellen Ihnen die 1. Strophe und den Refrain vor.
Allerdings möchten wir Sie bitten, ein paar Wörter einzusetzen, die uns
leider abhanden gekommen sind.

J'ai dépensé ma jeunesse comme une poignée de monnaie.

J'ai fait un peu de tout, un peu partout, sans savoir rien faire.

La fleur aux dents, c'était tout _____ j'avais.

Mais je savais bien que toutes les femmes du monde m'attendaient.

Il y a des filles _____ on rêve

Et celles avec _____ l'on dort.

Il y a les filles _____ on regrette

Et celles _____ laissent des remords[2].

Il y a les filles _____ l'on aime

Et celles _____ on aurait pu aimer

Et puis un jour,

Il y a la femme _____ on attendait.

---
[1] Krimi
[2] Schuldgefühle

cent quarante-sept **147**

41 Indirekte Rede

Mon petit doigt m'a dit que tu avais fait quelque chose d'interdit[1].

Sie haben allen Grund zur Freude. Die indirekte Rede ist im Französischen viel einfacher als im Deutschen. Sie brauchen keinen Konjunktiv. Alle Zeiten, die Sie benötigen, kennen Sie schon. Schauen Sie selbst! Was fällt Ihnen auf?

Tabelle 1 = Regel 1

direkte Rede	Einführungssatz im Präsens		indirekte Rede
Céline téléphone à Jean :			Jean à Yves: Qu'est-ce qu'elle dit ?
« Je suis seule à la maison. »	Céline dit	qu'	elle est seule à la maison.
« Mes parents sont allés au restaurant. »		que	ses parents sont allés au restaurant.
« Je vais organiser une fête. »		qu'	elle va organiser une fête.

Genau! In der indirekten Rede bleiben Zeit und Satzstellung wie in der direkten Rede, wenn der Einführungssatz **im Präsens** (Céline dit) oder **im Futur** (Céline va dire/dira) **steht**.

direkte Rede		indirekte Rede
je	⟶	il / elle
mes parents	⟶	ses parents

Was ändert sich nun, wenn der Einführungssatz in der Vergangenheit steht? Erkennen Sie den Unterschied?

Tabelle 2 = Regel 2

direkte Rede	Einführungssatz in der Vergangenheit	indirekte Rede
La mère (avant d'aller au restaurant) :		Céline à Jean :
« Nous avons envie d'aller au restaurant. »	Ma mère a dit/ disait/avait dit que / qu'	ils avaient envie d'aller au restaurant.
« Avant, on y allait plus souvent. »		avant, ils y allaient plus souvent.
Präsens Imperfekt	⟶	Imperfekt

---

[1] Sagt man im Französischen, wenn man die Person nicht verraten will, die etwas weitererzählt hat, was vielleicht hätte geheim bleiben sollen.

41

« J'ai téléphoné au restaurant. » « Mais, Papa avait déjà réservé. »	Ma mère a dit/ disait/avait dit que / qu'	elle avait téléphoné au restaurant. Papa avait déjà réservé.

Passé composé Plusquamperfekt	⟶	Plusquamperfekt

« Nous rentrerons tard. » « On pourrait t'apporter une pizza. »	Ma mère a dit/ disait/avait dit que / qu'	ils rentreraient tard. ils pourraient m'apporter une pizza.

Futur Conditionnel présent	⟶	Conditionnel présent

In der indirekten Rede haben sich einige Zeiten geändert.

So sind Mütter nun mal! Tausend Fragen, bevor sie endlich gehen. Für uns ist dabei natürlich viel interessanter, wie die indirekte Frage gebildet wird. Voilà !

Tabelle 3

direkte Rede		indirekte Rede
La mère (avant d'aller au restaurant) :		Céline à Jean :
« Tu regardes la télé, Céline ? »	si	je regardais la télé.
« Pourquoi ne viens-tu pas avec nous ? »	Ma mère pourquoi m'a	je ne venais pas avec eux.
« Qu'est-ce que tu vas manger ? »	demandé ce que	j'allais manger.
« Qu'est-ce qui te ferait plaisir ? »	ce qui	me ferait plaisir.

Regel 3

direkte Frage	indirekte Frage		
ohne Fragewort	si	+	
mit Fragewort	Fragewort	+	Subjekt + Verb + Objekt
mit qu'est-ce que	ce que/qu'	+	
mit qu'est-ce qui	ce qui	+	Verb + Objekt

In der indirekten Rede steht immer que, wogegen bei der indirekten Frage unterschiedliche „Verbindungen" möglich sind.

cent quarante-neuf **149**

Übungen

1 **Fabienne a présenté sa candidature et a été invité à l'entrevue qui aura lieu demain. Elle s'y prépare avec son copain Eric:**

Eric: Le chef va te demander comment tu t' _____ *appeler*,

où tu _____ *habiter*,

si tu _____ *être mariée*,

quel sport tu _____ *faire*,

ce que tu _____ *vouloir occuper*

comme poste,

si tu _____ *avoir* de l'expérience,

quelles _____ *être* tes prétentions[1].

2 **Après l'entrevue, elle téléphone à Eric pour lui raconter comment cela s'est passé. Kreuzen Sie die richtigen Zeiten an, und setzen Sie noch folgende Wörter ein: *si* (4 x), *ce que, ce qui, quelles, quelle*.**

Questions du chef : | Fabienne téléphone à Eric : Il m'a demandé

1. « Vous avez passé le bac? »
   _____ ▨ j'ai passé ▨ j'avais passé ▨ je passais
   mon bac.

2. « Quelles étaient vos notes? »
   _____ ▨ avaient été ▨ étaient ▨ ont été
   mes notes.

3. « Qu'est-ce que vous avez fait après le bac? »
   _____ ▨ j'ai fait ▨ je ferais ▨ j'avais fait
   après le bac.

4. « Quelle formation professionnelle avez-vous? »
   _____ formation professionnelle
   ▨ j'ai ▨ j'ai eu ▨ j'avais

5. « Etes-vous mariée? »
   _____ ▨ je suis ▨ j'étais ▨ je serais
   mariée.

6. « Avez-vous des enfants? »
   _____ ▨ j'ai eu ▨ j'avais ▨ j'ai
   des enfants.

7. « Avez-vous de l'expérience dans votre métier? »
   _____ ▨ j'avais ▨ j'aurais ▨ j'ai eu
   de l'expérience dans mon métier.

8. « Qu'est-ce qui vous plaît dans votre métier? »
   _____ ▨ me plaît ▨ m'a plu ▨ me plaisait
   dans mon métier.

---

[1] Gehaltsvorstellungen

Es ist nichts leichter, als in der indirekten Rede von Befehlen und Aufträgen zu erzählen. Man muss sie ja nicht ausführen! Ma mère m'a dit **de** ne pas regarder trop de films: Einführungssatz + de/d' + (ne pas) + Infinitiv. Versuchen Sie es doch gleich einmal:

3 **Après sa première journée de travail Fabienne rentre.**

Eric : « Alors, comment ça s'est passé ? »

Fabienne : « C'était horrible. Je n'y retournerai plus jamais. »

Eric : « Mais pourquoi ? Raconte ! »

Fabienne : « La secrétaire du chef m'a dit _____ faire du café, _____ servir

les clients, _____ ranger les classeurs, _____ vider des poubelles

et après tout ça, elle m'a dit _____ faire des heures supplémen-

taires parce que je n'avais pas terminé les lettres que je devais écrire. »

4 **Et tu ne te rends pas compte du harcèlement[1] dans tous les bureaux. Tout ce que j'ai appris le premier jour...**

1. Mme Bavard m'a raconté que sa collègue, Mme Ditou, _____ *avoir* une

   liaison avec le chef et qu'il _____ *être* marié.

2. Mme Ditou m'a dit que Mme Bavard _____ *être* plus vieille qu'elle ne le

   paraît[2].

3. Mme Bavard m'a demandé si j' _____ *avoir* un copain et depuis

   combien de temps je _____ *sortir* avec lui.

4. 5 minutes après, Mme Ditou m'a demandé si je _____ *vivre* avec mon

   copain.

5. M. Pareil m'a dit que Mme Ditou n'_____ *avoir* jamais bien travaillé et

   qu'elle _____ *finir* certainement par être licenciée à cause de sa liaison.

6. Mme Bavard m'a raconté que le chef la _____ *harceler* avant l'arrivée de

   Mme Ditou.

7. M. Pareil m'a dit que le chef m' _____ *inviter* certainement pour le

   prochain voyage d'affaires et que Mme Ditou _____ *démissionner* après.

———
[1] Mobbing
[2] als sie aussieht

cent cinquante et un **151**

42 Subjonctif

Il faut qu'une porte soit ouverte ou fermée.
*Man muss sich für **eine** Sache entscheiden.*

Wir hoffen, dass Sie sich **dafür** entscheiden, den subjonctif zu lernen. Dieses Kapitel bildet das Sahnehäubchen, das wir extra bis zum Schluss aufgehoben haben. Der subjonctif ist eine Form (ein Modus), für die (den) es im Deutschen keine Entsprechung gibt. Seien Sie also offen für etwas völlig Neues!

Zuerst möchten wir Ihnen zeigen, **wie** der subjonctif gebildet wird.

Formen

Ausgangsbasis für die Bildung des subjonctif ist der Stamm der 3. Person Mehrzahl in der Gegenwart, z. B. ils réfléchiss ent. Was fällt Ihnen bei den Endungen auf?

Tabelle 1

que	je	regard	-e	réfléchiss	-e
que	tu	regard	-es	réfléchiss	-es
qu'	il/elle	regard	-e	réfléchiss	-e
que	nous	regard	-ions	réfléchiss	-ions
que	vous	regard	-iez	réfléchiss	-iez
qu'	ils/elles	regard	-ent	réfléchiss	-ent

 Richtig! Die Endungen kennen Sie bereits aus der Gegenwart der Verben auf –er bzw. bei nous und vous aus der Vergangenheit (imparfait).

Regel 1
Stamm der 3. Person Mehrzahl + –e, –es, –e, –ions, –iez, –ent

Manche Verben haben 2 verschiedene Stämme, z. B. ils boivent,
aber: nous buvons. Diese behalten sie auch im subjonctif bei:
    que je boive... (abgeleitet aus der 3. Person Mehrzahl)
aber: que nous buvions
    que vous buviez (abgeleitet aus der 1. Person Mehrzahl)

152 *cent cinquante-deux*

Beim subjonctif gibt es einige interessante unregelmäßige Formen, allen voran avoir und être, die Sie schon von der Befehlsform ▶ **13** kennen.

Tabelle 2

	avoir		être	
que	j'	aie	je	sois
	tu	aies	tu	sois
qu'	il/elle	ait	il/elle	soit
	nous	ayons	nous	soyons
	vous	ayez	vous	soyez
	ils/elles	aient	ils/elles	soient

Tabelle 3

unregelmäßige Verben			Achtung! 2 Stämme
aller	que	j'aille	que nous allions
faire		je fasse	
pouvoir		je puisse	
savoir		je sache	
vouloir		je veuille	que nous voulions
pleuvoir	qu'	il pleuve	

Gebrauch

Der subjonctif steht nach bestimmten Auslösern, allen voran il faut que... *man muss.* Es empfiehlt sich, diese Auslöser zu lernen, damit jedes Mal eine Alarmglocke klingelt, wenn Sie einen dieser Auslöser hören oder benutzen.

Zu den wichtigsten Auslösern gehören die Verben,
die einen **Zwang**, eine **Notwendigkeit**,
einen **Zweifel**, eine **Befürchtung**,
einen **Wunsch**, eine **Bitte** ausdrücken.

Tabelle 4

Il faut qu'	il vienne ce soir.
Je voudrais qu'	il s'excuse.
Je doute qu'	il ait mauvaise conscience.
J'aimerais que	nous allions au restaurant ensemble.
Je préférerais qu'	il ne parte plus jamais.
Je crains qu'	il parte seul en vacances.

Nach espérer steht kein subjonctif, sondern Futur: J'espère qu'il viendra ce soir.

cent cinquante-trois **153**

Welche Gemeinsamkeiten stellen Sie bei folgenden Auslösern fest?

Tabelle 5

J'ai peur qu'il	lui arrive quelque chose.
Je suis triste qu'	il ne me téléphone pas.
Je suis étonnée qu'	on sonne à la porte.
Je suis heureuse qu'il	soit là.

Sie haben es erkannt! Alle diese Auslöser drücken Gefühle aus.

Zum Glück ist **er** nun doch zu ihr gekommen, aber ist damit schon alles geklärt? Um das zu erfahren, sollten Sie sich die nächste Tabelle anschauen. Um Urteile und Wertungen auszudrücken, ist der subjonctif nämlich auch ganz nützlich.

Tabelle 6

- Il est important que	nous parlions de notre dispute.	Es ist wichtig, dass...
+ Il est nécessaire que	tu t'excuses.	Es ist notwendig, dass...
- Il est intéressant que	tu dises ça.	Es ist interessant, dass...
+ C'est normal que	tu ne veuilles rien admettre.	Es ist normal, dass...
- Est-il possible que	nous nous pardonnions ?	Ist es möglich, dass...

Regel 2
unpersönlicher Ausdruck + Adjektiv + *que* ⟶ subjonctif

Wir empfehlen Ihnen, sich in Bezug auf den subjonctif noch zwei Verben besonders zu merken: penser, croire. Schauen Sie sich die Tabelle 7 genau an. Was stellen Sie fest?

Tabelle 7

Je pense que tu as raison.	Je ne pense pas que tu aies raison.
Je crois que nous pourrons faire la paix.	Je ne crois pas que tu m'en veuilles[1] encore.

Genau! Wenn penser und croire verneint sind, lösen Sie den subjonctif aus. Genauso verhält es sich mit den anderen Verben des Sagens und Meinens, wie z. B.: dire, assurer, déclarer etc.

---

[1] en vouloir à qn – auf jdn. böse sein

Übungen

42

1 **Füllen Sie die angekreuzten Kästchen mit Verben im subjonctif aus.**

que	je	tu	il/elle/on	nous	vous	ils/elles
dire	✗					
préparer	✗					
apporter	✗					
reposer		✗				
prendre		✗				
aller			✗			
faire		✗				
devenir			✗			
acheter				✗		
apprendre			✗			
comprendre		✗				
avoir			✗			
partir		✗				

2 **Ergänzen Sie diesen Text mit den Verben aus der ausgefüllten Tabelle.**

Alice : Marcel, il faut que je te *dire* _____ quelque chose. On va avoir un bébé.

Marcel : C'est vrai ? Alors, assieds-toi ! Tu veux que je te *préparer* _____ un

thé, que je t' *apporter* _____ des fruits ?

Alice : Non, merci, ce n'est pas la peine.

Marcel : Ecoute, il faut que tu te *reposer* _____ . Il est important que tu

prendre _____ quelques jours de congé. Veux-tu qu'on

aller _____ en vacances? Je ne veux plus que tu

faire _____ le ménage – c'est mon travail à partir de main-

tenant. Tu sais, je voudrais bien qu'il *devenir* _____ footballeur et

il faut que nous lui *acheter* _____ un petit train électrique. Je veux

qu'il *apprendre* _____ à réparer des voitures.

cent cinquante-cinq **155**

42

Alice : Je doute que tu ne *comprendre* _____ pas bien. J'attends une fille.

Marcel : D'accord. J'aimerais qu'elle *avoir* _____ tes yeux et tes cheveux et …

Alice : Mon Dieu, il vaut mieux que tu *partir* _____ en vacances jusqu'à la naissance.

3 **Ergänzen Sie bitte die leer gebliebenen Kästchen der Tabelle in Übung 1.**

4 **Setzen Sie in nachfolgender Übung die passenden subjonctif-Formen ein:**

Les dix commandements d'une mère ayant une fille adolescente :

1. Il est important que vous *écouter* _____ votre fille quand elle vous parle de ses problèmes.

2. Il est absolument nécessaire que vous ne lui *poser* _____ pas trop de questions quand elle ne veut pas parler.

3. C'est normal que vous vous *faire* _____ du souci, ne la contrôlez pas trop et surtout, faites-le sans qu'elle le remarque.

4. Il faut qu'elle *avoir* _____ l'impression d'être libre dans ses décisions.

5. Il est inévitable qu'elle *avoir* _____ un chagrin d'amour. Consolez-la discrètement.

6. C'est normal qu'elle vous *demander* _____ toujours votre nouveau pull, votre plus beau T-shirt ou de l'argent, mais il n'est pas obligatoire que vous *consentir*[1] _____ chaque fois.

7. Il est insupportable qu'elle *laisser* _____ traîner[2] ses affaires partout, mais il est impensable que vous les *ranger* _____ à sa place.

8. Il est rare qu'elle vous *proposer* _____ son aide. Si elle le fait, acceptez.

9. Il est inévitable que vous vous *disputer* _____ assez souvent et qu'elle vous *taper* _____ sur les nerfs[3].

––––––––

[1] einverstanden sein
[2] liegen lassen
[3] auf die Nerven gehen

156 cent cinquante-six

10. Il est quand même surprenant qu'elle *être* _____ de bonne humeur de temps en temps, et il faut en profiter.

Souvenez-vous qu'avant d'avoir été mère, vous avez été adolescente.

5 **Setzen Sie die fehlenden Formen ein:**

Avant de fermer le livre nous aimerions bien vous remercier de votre fidélité.

Nous espérons que le travail avec la grammaire vous

(!) *être* _____ très utile à l'avenir. Nous, de toute façon, nous sommes

heureux que vous *avoir* _____ fait de grands progrès. Merci d'avoir passé

un peu de votre temps avec nous.

Au revoir !

Les auteurs

Test 3

1 **Ergänzen Sie den Text mit den angegebenen Zeiten.**

Paris, le 2 avril 20...

Chère Madeleine,

J'espère que tu *aller (présent)* _____ bien et que tu *profiter (futur simple)* _____
de ton séjour en Afrique.

Tu me *manquer (passé composé)* _____ ces dernières semaines. Georges
travailler (passé composé) __ beaucoup _____. Mon cours de yoga *terminer (passé
composé)* _____ _____. Au cinéma, on ne *passer (passé composé)* ___ _____ que de
films qui ne m'*intéresser (imparfait)* _____ pas. Je *refaire (passé composé)* ___
_____ la cuisine – je la *peindre (passé composé)* ___ _____ en vert. Le soir, je
s'installer (passé composé) ___ _____ souvent _____ devant la télé. De temps
en temps, je *aller voir (passé composé)* _____ _____ les voisins ou je *se promener (passé
composé)* __ _____ _____ dans le quartier. Je *être (imparfait)* _____ un peu
lâche, mais tout *changer (futur proche)* _____.

Je t'*écrire (présent)* _____ parce qu'il y *avoir (présent)* ____ de bonnes nouvelles.
Georges *prendre (futur simple)* _____ sa préretraite à partir du mois de mai. Il
téléphoner (passé récent) _____ ___ me _____ et je *acheter (passé récent)*
_____ juste _____ une bonne bouteille de champagne pour arroser cette
nouvelle. Et ce soir, nous *fêter (futur proche)* _____ _____ l'événement au restaurant avec les enfants et des amis. Malheureusement, tu ne *pouvoir (futur simple)*
_____ pas être parmi nous.

Ça *être (futur proche)* ____ _____ une toute nouvelle vie. Le mieux c'est que nous
pouvoir (futur simple) _____ faire ce que nous *vouloir (présent)* _____. Tu sais,
nous *avoir (présent)* _____ même plus d'idées et de projets qu'au temps où les
enfants *être (imparfait)* _____ encore petits et où il *falloir (imparfait)* _____
toujours s'occuper d'eux. Nous *faire (imparfait)* _____ toujours plus ou moins
ce qu'ils *préférer (imparfait)* _____. Nous les *aimer (présent)* _____,
bien sûr, et nous *aimer (imparfait)* _____ tout faire pour eux, mais maintenant, qu'ils *mener (présent)* _____ leur propre vie, nous *vivre (futur simple)*

158 *cent cinquante-huit*

_____ notre vie à notre goût. Nous *voyager (futur simple)* _____ beaucoup, nous *aller (futur simple)* _____ au théâtre et au concert, nous *suivre (futur simple)* _____ des cours qui nous *intéresser (présent)* _____, et, imagine-toi, nous *acheter (futur simple)* _____ la maison près d'Arles où nous *passer (imparfait)* _____ souvent nos vacances avec les enfants.

2 **Ergänzen Sie im folgenden Teil des Briefes die Adjektive und achten Sie dabei auf eventuelle Steigerungsformen.**

3 **Setzen Sie folgende Adverbien ein :** *directement, évidemment, malheureusement, normalement, relativement, vraiment.*

Pour moi, c'est la *joli +* ___ _____ maison de toutes. Elle a un *grand* _____ jardin avec de *vieux* _____ arbres qui sont *haut +*___ _____ que la maison et font _____ de l'ombre. Il y a de la *beau* _____ lavande partout qui fleurit tout l'été. Comme la maison est un peu *isolé* _____, on peut se mettre nu au soleil. On arrive à la maison par une pergola *plein* _____ de fruits de la passion. En ouvrant la porte, on entre _____ dans une *beau* _____ salle de séjour. C'est la *grand +* _____ pièce de la maison avec un ensemble fauteuils et canapé *moderne -* _____ que dans notre appartement à Paris, mais *confortable +* _____ . Elle comprend aussi un coin repas avec une *vieux* _____ table et deux bancs *peint* _____ en bleu. En face, il y a une *petit* _____ cuisine bien *aménagé* _____ où Georges peut préparer les *bon +* _____ repas de sa vie. Par une sorte d'échelle, on monte à deux *énorme* _____ galeries qui servent _____ de chambre d'enfants. Je ne sais pas encore ce qu'on en fera. En face de la porte d'entrée, il y a une *petit* _____ porte qui mène à une salle de bain _____ *nouveau* _____ et à la chambre qui, _____ , est *joli -* _____ et nécessite de *nouveau* _____ meubles. _____ , il y a beaucoup de choses à refaire, mais nous aurons tout notre temps.

Je te quitte maintenant, parce que Georges rentre dans quelques minutes.

Amicalement et à bientôt

Irène

cent cinquante-neuf **159**

Lösungsschlüssel

1

Ü1
je suis, nous sommes, il a, elles ont, tu vas, vous allez
Achtung! ils/elles ont wird gebunden = stimmhaftes « s » ;
ils/elles sont = stimmloses « s ».

Ü2

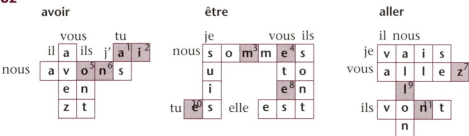

C'est **Aimé**. Il a **onze** ans. Il va à **Lens** en vacances.

Ü3
êtes – es – es – suis – est – sont – suis.

Ü4
ai – a – ont – avons – avez – as.

Ü5
va – vais – vont – allons – va – allez – vas.

Ü6
sont – ont – ont – sont – sont – vont – sont – ont.

2

Ü1
1. ✗ la fête	✗ la conférence	▪ le congrès	▪ les vacances
2. ✗ Pierre et Paul	✗ les Duval	✗ Roméo et Juliette	▪ les sœurs Picard
3. ✗ les salades	▪ la viande	✗ les oranges	▪ Robert et Marielle
4. ▪ Anne-Marie	✗ le chat	▪ Claudine et Hubert	✗ M. Curieux

Ü2
1. je – tu – je – tu ; 2. je – vous – j' – vous – j' – vous – je.

Ü3
lui – moi, je – toi – lui – lui – moi, je – eux, ils – elle, elle – vous, vous – eux, ils – moi, je – nous, nous.

> Enchanté(e) *Angenehm* hört sich im Deutschen ziemlich hochtrabend an. Im Französischen klingt es völlig normal.

Ü4
toi – moi – lui – elle – toi – moi – moi – eux – toi – moi – toi.

cent soixante et un **161**

Ü5

Hier gibt es jeweils zwei grammatikalisch richtige Lösungen, je nachdem, ob Sie zustimmen oder ablehnen möchten. Suchen Sie die aus, die für Sie persönlich richtig ist.

moi aussi / moi pas – moi aussi / moi pas – moi si / moi non plus – moi si / moi non plus – moi aussi / moi pas – moi aussi / moi pas – moi aussi / moi pas – moi si / moi non plus – moi si / moi non plus – moi aussi / moi pas – moi aussi/ moi pas.

3

des

- 8 C H A N S O N S
- 5 T A X I S
- 6 D I N E R S
- 7 B A G A G E S
- 8 D I P L O M E S
- 11 R E S T A U R A N T S
- 4 L I T S

une

- 5 B A R B E
- 8 A S S I E T T E
- 5 D A N S E
- 9 P R O M E N A D E
- 9 C H A U S S U R E
- 3 C L E
- 6 V I S I T E

un

- 6 P U B L I C
- 4 V A S E
- 6 G A R A G E

Raster **des**: alle diese Wörter sind im Deutschen sächlich, Raster **un**: alle diese Wörter sind im Deutschen weiblich, Raster **une**: im Deutschen männlich.

Ü2

le Delta du Rhône – une ville – la Camargue – la route – des kilomètres – une plage – les fêtes – le 14 juillet – les courses camarguaises – des spectacles – les arènes – des commerces – des hébergements – des restaurants – des banques – des marchés – la visite guidée – les groupes.

4

Ü1

1. châteaux – 2. poire – 3. journaux.

> 1. und 3. passen nicht in die Reihe, weil sie in der Mehrzahl stehen,
> 2. In dieser Reihe ist „poire" das einzige Wort in der Einzahl.

Ü2

a.3. – b.11. – c.5. – d.7. – e.9. – f.8. – g.6. – h.10. – i.2. – j.1. – k.4.

Ü3

un livre – des romans – un très bon roman – des livres de Zola – une occasion – l'histoire – la vie – d'une famille – le nord.

162 *cent soixante-deux*

Ü4
des leçons – les cours – des personnes – des Anglais – des Américains – des Japonais – des Chinois – vos repas – les restaurants – toutes sortes d'activités – des cathédrales – des musées – des parcs – des cafés – des magasins – les bus – les lieux – les châteaux – des bateaux – toutes les heures – nos cours – les terrains – des parcours – des courts de tennis – des stades – nos bureaux.

5

Ü1
retrouvons – habitent – aimons – apprécions – cuisinons – mangeons – jouons – discutons – restons – jouons – rapporte– achète – amusons – arrive – porte – regarde – lavons – séchons – rapportons – pense – sonne – se trouve – n'arrive.

Ü2
cherchons – essayons – apporte – pensons – amène – regardons – envoyons – espérons – demandons – trouvons – espérons – rêvons – représentons.

6

Ü1
1. Non, elle n'est pas gentille – 2. Non, elle n'habite pas à Kassel – 3. Non, elle n'est pas Allemande – 4. Non, elle n'est pas contente – 5. Non, elle n'est pas directrice – 6. Non, elle ne travaille pas beaucoup – 7. Non, elle ne parle pas très bien italien – 8. Non, elle ne part jamais en vacances en juillet.

Ü2
1. Non , je ne suis pas mariée – 2. Non, je n'ai pas d'enfants – 3. Non, je ne travaille pas vite –4. Non, je n'aime pas le travail en groupe – 5. Non, je ne parle pas anglais – 6. Non, je ne connais pas l'étranger – 7. Non, je n'utilise pas l'ordinateur – 8. Non, je n'ai pas de voiture – 9. Non, je ne commence pas à 9 heures.

Ü3
2. je n'entre pas – 4. je ne prends pas de café – 6. je ne prends rien d'autre – 8. je fume encore – 10. je ne prends pas de cigarettes – 12. on ne discute plus.

Ü4
Je ne fume plus, je ne bois plus, je ne suis plus infidèle, je n'arrive jamais en retard, je ne travaille plus le dimanche, je n'oublie plus ton anniversaire, je t'aime toujours.

7

Ü1
ne parle pas – reste – ne travaille plus – ne raconte pas – ne crie pas – embrasse – moi – prépare – cuisine – ne m'énerve pas – va.

Ü2
trouvez – achetez – ne pleurez pas – ne regardez pas – jouez – téléphonez – n'appelez pas – préparez.

Ü3
ne travaillons pas – ne préparons rien – mangeons – allons – regardons – jouons – dansons – participons – chantons – parlons – rêvons – commençons.

8

Ü1

1. Est-ce qu'elle reste longtemps ? – 2. Est-ce qu'elle aime aller seule en vacances ?
– 3. Est-ce que tu pars avec elle ? – 4. Est-ce que tu as beaucoup de travail ? –
5. Est-ce que tu sors souvent quand ta femme n'est pas là ? – 6. Est-ce qu'elle est
jalouse ? – 7. Est-ce que tu sors avec d'autres femmes ?

Ü2

1. Est-il – 2. Travaille-t-il – 3. Va-t-il – 4. Boit-il – 5. Joue-t-il – 6. A-t-il –
7. Sort-il – 8. Fait-il – 9. Regarde-t-il – 10. Part-il.

Ü3

Comment – Où – Est-ce que – Quelles – Qu'est-ce qu' – Pourquoi (quand/
comment). Hier ergeben alle 3 Fragewörter einen Sinn. – Est-ce que.

Ü4

1. Quel – 2. quelle – 3. Quelle – 4. Quel – 5. Quel – 6. Quelle – 7. quels – 8. quelles –
9. quelle.

> Das Nomen, auf das sich « quel/s, quelle/s » bezieht, kann direkt hinter dem
> Fragewort stehen oder hinter dem Verb.

9

Ü1

court – dort – rougit – saisis – réfléchit – bondissons.

Ü2

dors – sers – t'offre – ouvre – sors – viens – choisis – réfléchis – choisis – t'offre –
partez – revenez – viens.

Ü3

dormez – partez – venez – courez – réfléchissez – ralentissez – tenez – revenez –
bondissez – servez – offrent – réussissez – mentez – ouvrez – revenez.

10

Ü1

Pierre : **de la** maison – **en** voiture, **à** Marseille – **dans** un bureau – **au** restaurant –
au café – **à la** maison
Céline : **dans** la cuisine – **à** l'école – **à** l'université – **au** resto-U – **au** supermarché –
à la maison
Marc : **à** l'église – **à** Versailles – **au** Quartier Latin – **aux** Champs Elysées – **à la** Gare
d'Orsay – **à la** maison – **en** avion, **aux** Etats-Unis.

Ü2

Lundi :   **en** train – **aux** Pays-Bas – **A*** Amsterdam – **en** bateau
Mardi :   **en** train – **à** Paris – **en** bus – **au** restaurant – **à** l'hôtel Ritz
Mercredi :   **en** avion – **à** Madrid – **en** Espagne
Jeudi :   **au** Portugal – **à** Lisbonne
Vendredi: **en** avion – **à** Rome – **au** théâtre
Samedi :   **à la** maison.

*   Bei Großbuchstaben dürfen Sie auswählen, ob Sie einen Akzent setzen wollen
    oder nicht.

164 *cent soixante-quatre*

Ü3
1. **à** vélo – **en** voiture – **en** bus – 2. **à** vélo – 3. **du** Portugal – 4. **en** voiture –
5. **d**'Italie – **au** supermarché – 6. / – 7. **des** Pays–Bas – 8. **en** bus.

Jean–Luc	professeur	Portugal	voiture
Florence	vendeuse	Italie	vélo
Juliette	secrétaire	Pays–Bas	bus

11

Ü1
boire – connaître – dire – mettre – vivre – répondre – faire – prendre – rire – faire.
Ü2
je fais bien... je mets des... je bois ... je prends... je vis seule... je crois... je connais
oder
je ne fais pas bien... je ne mets pas de ... je ne bois pas de ... je ne prends pas...
je ne vis pas seule... je ne crois pas... je ne connais pas.
Ü3
vit – descend – perd – prend – conduit – met – attend – sourit – dit – connaît – dit –
répondent – répond – reconnais – tend – défait – font – sourit – rit – boivent –
reprennent – attendent.

12

Ü1
s'assied – peut – sait – sait – reçoit –
doit – sait – voit – peut – doit – peut.
Ü2
il faut – peut – il faut – peux – peut –
veux–tu – veux.
Ü3
Chère Simone,
On ne peut pas (nous ne pouvons pas)
venir aujourd'hui parce qu'on doit
(parce que nous devons) aller chez le
médecin. Je sais que tu veux aller nager
demain. Mais je ne peux pas du tout
nager (me baigner). Nous ne pouvons
pas venir non plus au café car mon
copain a la grippe.

Ü4

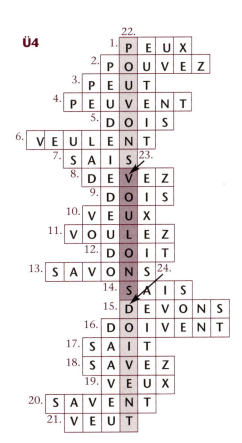

cent soixante-cinq **165**

13

Ü1

préparons – lisons – passons – attendons – allons – ouvrons.

Ü2

ne dors pas – n'aie pas peur – ne gêne pas – n'oublie pas – ne cours pas – ne sois pas – ne sors pas.

Ü3

n'ayez pas peur, lisez – n'attendez pas, compostez – ne prenez pas, prenez – ne restez pas, partez – ne dormez pas, venez.

14

Ü1

de la, des – des, des, du – du, du – des – de la, du , de l'.

Ü2

de l', du – de – de – de l' – de, de – de – des, de – de, de la, des – d', de, d'.

Ü3

1. du, de la, un, de l', un, de l', des, du, du, une, du, du, du, du, du, un.
2. des – de – un, du – de, des – de, un – du, du, du/un – de, de, de, de, du, du, sans lait.

Ü4

des, des, des, du – de – de, de, d' – de, du – de, de – des, de l'.

Ü5

de – d' – de – de, de – de – du, du – du – de la, de la – de l' – de l', de l'.

TEST 1

<u>Bestimmter / unbestimmter Artikel:</u> les rues – les marchands – les clients – la santé – de la main – du regard – du nez – des supermarchés – du pays – de la nature – de la campagne – le pâté – la charcuterie – l'ambiance – les couleurs – les odeurs – le fromager – le camembert – un joli plateau – un grand morceau – le dimanche matin.

<u>Teilungsartikel:</u> Pas de voitures – du poisson frais – du Bleu d'Auvergne – du beurre.

<u>Verben:</u> Veulent – elle n'est pas chère – il n'a pas l'air – sentez–moi – coûtent – on achète – viennent – qu'il fait – on pose – on se connaît – sait – ça va – connaissez – il faut – je prends – donnez m'en – ça va – ça fait – pèse – choisis – rendez – n'oubliez surtout pas – adore – n'aiment pas faire – font.

15

Ü1

Moi : me lève – me lave – me rase – me dépêche – me promène – me remets – me – repose – me couche.

Elle : se lève – se baigne – se hâte – s'amuse – s'occupe – se dispute – se change – s'intéresse.

Ü2

Nous **nous connaissons** – Nous **nous rencontrons** – Nous **nous aimons** – Je ne **me rappelle** plus – Je ne **m'ennuie** plus – Nous **nous amusons** – Nous **nous mettons**.

Ü 3

Lève–toi – Ne t'occupe pas – dépêche–toi – Ne te rendors pas – Remets–toi –
Tais–toi – Recouche–toi.

16

Ü1

5. – 6. – 7. – 8. – 11. – 12. – 16. – 19.

Ü2

weiblich: 1. – 4. – 6. – 7.

Ü3

important /e – discret, discrète – naturel, naturelle – frais, fraîche – actif, active –
optimiste – critique – triste – sportif, sportive – intelligent /e – généreux, généreuse.

Ü4

weiblich : 1. – 2. – 4. – 7.
weiblich und/oder männlich : 5. – 9.

Ü5

1. grande, parisienne, belles, petit, confortable, immense, agréable, aménagée,
moderne, séparées, spacieuse, petit, grands, raisonnable.
2. Vorschlag: bonne occasion, multicolore, neuve, bleue, noires, verts, rouge, bon
marché.

17

bon travail – bel appartement chaud – grand lit confortable – nouvel anorak bleu –
nouveau pantalon gris – nouvelle chemise blanche – nouvelles chaussures noires –
chaussettes chaudes – délicieux repas / repas délicieux.

Ü1

vieille – vieille, vieil – vieille – vieux – vieil – vieux – vieilles.

Ü2

nouvel – nouveau, nouvelle – nouvelles, nouveaux – nouvelle, nouvelle –
nouveaux – nouvelle, nouveau.

Ü3

belle – belles, belles – beaux – beau – belle, beau – belle – beau, belles.

18

Ü1

1. ces – 2. ce – 3. cette – 4. ces – 5. ces – 6. ce – 7. cet, cet – 8. cette – 9. ce – 10. cet.

Ü2

1. ce – 2. ces – 3. ces, ce – 4. cette – 5. cet – 6. cet – 7. ce.

Ü3

1. cette – 2. cet – 3. ces, ce – 4. ces, ce – 5. ces – 6. ces – 7. cette – 8. cet, ces –
9. ces, ces – 10. ces.

19

Ü1

1. mon – ma – ma – mon – mes. 2. son – sa – sa – son – ses. 3. ton/votre – ta/votre –
ta/votre – ton/votre – tes/vos.

cent soixante-sept **167**

Ü2

1. sa, son 2. son, ses 3. leurs 4. leur 5. leurs 6. leur 7. son 8. son 9. leur 10. son.

Ü3

1. ma, mon, mon, mes. 2. sa, son, son. 3. ses, ses, son. 4. vos, vos, vos, votre.
5. leurs, leurs, leur, leurs, leurs.

Ü4

mon – mon – mon, ma, mon, mon, mon, ma, mon – ton, ta, ton, ton, ton, ta, ton.

20

Ü1

1. tous – 2. toutes – 3. toutes – 4. tout – 5. toute – 6. tous – 7. tout – 8. toutes –
9. tout – 10. tout.

Ü 2

1. toutes – 2. tous – 3. tous – 4. tous – 5. toutes – 6. tous –7. tous – 8. tous – 9. tous.
In den Sätzen 7 und 9 wird das -s von « tous » nicht ausgesprochen.

TEST 2

<u>Adjektive:</u> des jambes longues et musclées – la taille fine – aux traits réguliers –
la peau lisse – un corps ferme et fort – être naturelle, belle, active, dynamique –
purs – vous rentrez épuisée, stressée, déprimée – sèche – beauté masculine.
<u>Verben:</u> mange – boit – mange – boit – fait – voyez – rencontrez – voyez–vous –
voulez–vous – vous vous sentez – savez – privilégie – savez – il suffit – se régénère –
prenez – osez – faites – connaît – ne résistez pas.
<u>Ortspräpositionen:</u> sur la plage – sur des affiches – dans les magazines – à la télé –
au cinéma –sur un bateau –dans vos rêves – dans sa peau – où la concurrence.

21

Ü1

1. va – 2. vont – 3. va – 4. va – 5. va, vas – 6. va.

Ü2

1. va se lever, va prendre, va faire, va prendre, va passer – 2. vais rester, vais boire,
vais faire, vais aller, vais passer – 3. va dormir, va boire, va nettoyer, va préparer, va
retrouver, va se reposer – 4. vont rester.

Ü3

1. je viens de nettoyer – 2. je viens de faire – 3. je viens d'acheter – 4. je viens
d'aller – 5. je viens de contrôler – 6. je viens de préparer.

Ü4

je suis en train de – il vient de – est en train de – elle vient de – vais –
je suis en train de.

22

Ü1 + 3

avoir : aurai – auras – aura – aurons – aurez – auront
être : serai – seras – sera – serons – serez – seront
faire : ferai – feras – fera – ferons – ferez – feront

retrouver : retrouverai – retrouveras – retrouvera – retrouverons – retrouverez – retrouveront

rester : resterai – resteras – restera – resterons – resterez – resteront

téléphoner : téléphonerai – téléphoneras – téléphonera – téléphonerons – téléphonerez – téléphoneront

rendre : rendrai – rendras – rendra – rendrons – rendrez – rendront

dire : dirai – diras – dira – dirons – direz – diront

pouvoir : pourrai – pourras – pourra – pourrons – pourrez – pourront

falloir : il faudra

passer : passerai – passeras – passera – passerons – passerez – passeront.

Ü2
Il fera – on se retrouvera – nous aurons – sera – je resterai – me rendra – il restera – je te téléphonerai – je te dirai – nous pourrons – ton frère pourra – il sera – il faudra – j'aurai – dirai.

Ü4
1. sera – 2. fêtera – 3. pourrez – 4. irons – 5. aura – 6. aura – 7. servira – 8. intéressera – 9. présenteront – 10. participeront – 11. terminera – 12. s'amusera – dansera – 13. connaîtrez – 14. verrez – sera – 15. ferez.

Ü5
1. augmentera – 2. vieillira – 3. réduira – 4. permettra – 5. ne sera plus – 6. deviendra – 7. ne seront pas – 8. favoriseront – 9. il faudra – 10. devrons.

23

Ü1
prépare – prend – met – mange – boit – débarrasse – commence – mange – fait – cuisine – regarde – dort.

Ü2
1. j'ai fait – 2. j'ai travaillé – 3. m'a appris – 4. j'ai eu, j'ai posé, j'ai fait – 5. j'ai pris – 6. j'ai acheté – 7. j'ai déposé – 8. j'ai visité – 9. j'ai regardé – 10. a passé, a plu – 11. j'ai mis – 12. je n'ai pas compris – 13. j'ai regardé – 14. j'ai recommencé – 15. j'ai mis – 16. j'ai tourné – 17. j'ai demandé – 18. j'ai eu.

Ü3
1. achetés – 2. vus – 3. regardée, attrapés, caressés, achetés – 4. adoptée – 5. mordue – 6. passée – 7. joué – 8. jetée – 9. couru, mordue, cassé – 10. acheté.

24

Ü1
1. s'est levée – 2. s'est douchée – 3. s'est lavée – 4. s'est séchée – 5. s'est peignée, s'est habillée – 6. est partie – 7. est arrivée – 8. est allée – 9. est restée – 10. est sortie – 11. est passée – 12. est rentrée – 13. s'est couchée.

Ü2
1. a sonné – 2. me suis levée – 3. suis descendue – 4. ai mis – 5. ai cherché – 6. ai branché – 7. ai lu – 8. ai essayé – 9. est arrivé – 10. n'est pas resté – 11. a commencé – 12. as bien dormi, as fait – 13. ai pu – 14. se sont ouverts – 15. ai fini.

cent soixante-neuf **169**

Ü3

1. suis né et mort – 2. ai cousu – 3. ai cru – 4. n'ai rien eu, ni rien reçu – 5. ai connu –
6. n'a pas voulu – 7. n'ai plus su – 8. ai vécu – 9. suis tombée– 10. suis devenue –
11. ai ri.

Ü4

1. ai fini – 2. ai pris – 3. me suis habillée – 4. ai dit –
5. nous nous sommes embrassés, suis partie.

25

Ü1

était – habitions – connaissait – travaillais – faisait – s'occupait – retrouvais – allions –
entrais – prenais – préparait – nous promenions – était.

Ü2

aviez – vous disputiez – n'avais pas – était – était – avait – pouvait – devait – aidait –
attendaient – passait – aimait – s'achetait – avait – critiquaient.

Ü3

1. était – 2. faisait – 3. pouvait – 4. avait – 5. était – 6. prenais, faisait – 7. jouaient –
8. avait – 9. entendait – 10. apportait – 11. prenait – 12. se rencontraient, j'étais –
13. rentraient – 14. faisait – 15. commençaient – 16. jouaient – 17. se connaissait –
18. se retrouvait, on bavardait – 19. voulais.

26

Ü1

1. c'était, il est entré – 2. est allé – 3. a pointé, a crié – 4. a eu, a crié –
5. s'est dépêchée, a donné – 6. était, l'a prise – 7. est parti – 8. n'a pas vu, était –
9. a fermé, a appelé – 10. a ri, savait, était.

Ü2

1. t'ai envoyée, ai oublié – 2. savais, avais, n'ai rien écrit – 3. est venu, ai mangé, ai
passé – 4. suis rentrée, ai eu, sont arrivées, n'ai rien fait – 5. m'ont raconté, ont fait,
ont commencé, sont revenues – 6. ont fait, suis allée, faisaient – 7. faisaient, ai eu –
8. ont coupé, sont morts – 9. ont mis.

Ü3

1. était – 2. mangeais – 3. a sonné – 4. c'était, cherchait – 5. m'a demandé, voulais –
6. n'avais pas – 7. ai dit – 8. savais, allait – 9. n'as pas fait – 10. n'était – 11. est
repartie – 12. ai pu – 13. ai perdu.

Ü4

Tu n'étais pas là hier. Pourquoi ? Tu étais malade ? – Oui, j'étais malade. J'avais mal
à la tête. – Tu es allé chez le médecin ? – Non, j'ai pris de l'aspirine. – La semaine
dernière tu as déjà eu mal à la tête. – Oui mais c'était la première fois de ma vie. –
C'était aussi la première fois que tu travaillais à l'ordinateur.

27

Ü1

1. Ce matin, il m'est arrivé quelque chose d'étrange.
2. Je suis arrivée au travail comme tous les matins.
3. Avant, je m'étais acheté un croissant et le journal.

170 *cent soixante-dix*

4. Je suis entrée et j'ai eu un choc.
5. Quelqu'un avait renversé les poubelles et il y avaient des tâches noires partout.
6. Les chaises étaient abîmées et les dossiers se trouvaient par terre.
7. Je suis sûre que, hier au soir, j'avais mis tous les dossiers sur la petite table.
8. Un voleur était certainement entré par la fenêtre ouverte.
9. J'ai téléphoné à la police.
10. La voisine avait déjà appelé la police.
11. A ce moment–là, l'agent de police est entré avec Fripou.
12. Il avait trouvé le chat devant la fenêtre. Fripou était plein d'encre.

Ü2
J'**avais terminé** – elle **avait** complètement **changé**– elle ne m'**avait** jamais vraiment **remarqué** – elle ne m'**avait** jamais **parlé** – il **avait dépensé** – elle **avait héritée** – elle **avait connu** – il l'**avait trompée**.

28

Ü1
actif – active – activement ; actuel – actuelle – actuellement ; complet – complète – complètement ; heureux – heureuse – heureusement ; prochain – prochaine – prochainement ; tranquille – tranquille – tranquillement ; sûr – sûre – sûrement ; rapide – rapide – rapidement/vite.

Ü2
Vorschlag: 1. prochainement – 2. rapidement – 3. tranquillement – 4. heureusement, activement 5. complètement – 6. heureusement – 7. actuellement – 8. sûrement.

Ü3
évident – évidente – évidemment ; rapide – rapide – vite ; constant – constante – constamment ; brusque – brusque – brusquement ; vrai – vraie – vraiment ; gentil – gentille – gentiment ; lent – lente – lentement ; absolu – absolue – absolument ; prudent – prudente – prudemment ; final – finale – finalement ; pratique – pratique – pratiquement.

Ü4
Vorschlag: 1. brusquement – 2. lentement – 3. pratiquement – 4. vraiment – 5. évidemment – 6. pratiquement – 8. prudemment – 9. finalement – 10. gentiment, évidemment.

Ü5
absolu – absolue – absolument ; gentil – gentille – gentiment ; grave – grave – gravement/grièvement ; mauvais – mauvaise – mal ; joli – jolie – joliment ; rapide – rapide – rapidement/vite ; élégant – élégante – élégamment ; évident – évidente – évidemment.

29

Ü1
1. plus... qu' – 2. moins... que – 3. aussi... que – 4. plus... qu' – 5. aussi... que – 6. moins... qu'.

Ü2
1. plus vieille que l'Italie – 2. plus vieille que le Portugal – 3. moins vieux que la Suède – 4. aussi vieille que la Grèce – 5. plus vieux que le Luxembourg – 6. moins vieille que les Pays – Bas – 7. plus vieille que la Finlande.

cent soixante et onze **171**

Ü3

Sur les chaînes privées, il y a un film policier. Le film est mauvais. Il est encore plus mauvais que le film sur la deuxième chaîne. Les actrices sont bonnes, elles sont meilleures que leurs collègues. Mais l'histoire est mauvaise. Elle est encore plus mauvaise que le film. Avez–vous vu le film? Vive le zapping.

30

Ü1
1. le plus – 2. le moins – 3. la moins – 4. le plus – 5. le meilleur – 6. la plus – 7. le plus – 8. la plus.

Ü2
1. la plus belle région – 2. le plus beau monument – 3. le plus grand événement sportif – 4. le meilleur comédien – 5. la meilleure cuisine – 6. le plus beau film – 7. l'événement le plus important – 8. la meilleure technique.

Ü3
1. c'est le musée le plus important – 2. c'est le musée le plus original – 3. c'est la ville la plus touristique – 4. les personnages les plus connus – 5. les vins français sont les meilleurs – 6. c'est l'avenue la plus large –7. c'est la ville la plus grande.

Ü4
1. bonne – 2. bonnes – 3. meilleurs – meilleurs – meilleurs – 4. meilleur – 5. meilleure – 6. bonnes/ meilleures.

31

Ü1
Adverb: Sätze 4. – 6. – 7. ; Adjektiv: 1. – 2. – 3. – 5. – 8.

Ü2
1. mieux – 2. le mieux / le plus – 3.mieux / plus – 4.le mieux/le plus – 5. le moins.

Ü3
1. aussi...que – 2. moins ... que – 3. plus ... que – 4. moins...que – 5. plus...que – 6. plus ...que.

Ü4a.
1. plus chaud – 2. plus chaud –3. plus chaud– 4. aussi chaud – 5. moins chaud.

Ü4b.
1. plus de...qu' – 2. moins de...qu' – 3. autant de...qu' – 4. plus de...qu' – 5. moins de...qu'.

32

Ü1
1. le – 2. les – 3. les – 4. le – 5. la – 6. le – 7. les – 8. la.

Ü2
les – les – le – la – les.

Ü3
1. Il ne peut pas les supporter. – 2. Il ne veut pas le voir. – 3. Il ne veut pas l'appeler. – 4. Il ne veut pas les garder. – 5. Son mari va le voir. – 6. Son mari la trouve normale. – 7. Son mari ne la comprend pas.

Ü4

il l'a rencontré – Il l'a appelé – Il l'a attendu – Il l'a accompagné – Il l'a vu –
Il l'a félicité – Il l'a invité – Il l'a remercié

Fabienne fragt : « Dominique, homme ou femme ? ». Sie können die Frage durch
Ihre Schreibweise beantworten. Wenn Sie an alle Partizipien ein „e" anhängen,
dann hat Lises Mann wohl eine Freundin.

33

Ü1

1. lui – 2. lui – 3. lui – 4. leur – 5. leur.

Ü2

1. leur laisse... 2. lui donne... 3. lui dit... 4. leur fait... 5. lui offre... 6. lui plaît...
7. lui offre.

Ü3

1. lui offre...2. lui donne... 3. lui demande...4. lui accorde... 5. lui demande...
6. lui répond.

34

Ü1

Direktes Objekt: 1. – 3. – 9. – 10. – 11. – 12. – 13.
Indirektes Objekt: 2. – 4. – 5. – 6. – 7. – 8. – 14.

Ü2

Vous ne **m'** avez pas demandé. – je ne **vous** en ai rien dit – vous **m'**avez trompée –
Vous ne **m'**avez pas donné – qui **m'**avait informée – on **t'**a informée – Tu ne **nous**
as pas aidés – on ne **t'**a pas fait participer – on **t'**a donné – Ne **vous** disputez pas –
Vous **m'**acceptez – je peux **vous** livrer.

Ü3

ça **s'**est bien passé – Elle **lui** a fait – Ils **se** sont bien amusés – Je **les** ai observés – M.
Dollard ne **m'**a pas remarqué – je **lui** ai pris – je **les** ai touchés – je **me** suis cachée –
la dame ne **m'**a pas vue – Je **les** ai passés – je **les** ai mis – Il **l'**a suivie – **l'**a invitée –
Je **les** ai vus.

35

Ü1

1. j'en prends – 2. j'en mange – 3. j'en bois – 4. j'en ai assez – 5. j'en prends un.

Ü2

1. je n'en prends pas – 2. je n'en mange pas – 3. je n'en bois pas – 4. je n'en ai pas
assez – 5. je n'en prends pas.

Ü3

1. j'en sors – 2. j'en reviens – 3. j'en parle – 4. j'en reçois.

Ü4

1. je n'en joue pas – 2. ils en jouent très bien – 3. j'en joue vraiment très mal –
4. elle en joue un peu – 5. Nous en faisons / j'en fais.

cent soixante-treize **173**

36 **Ü1**
1. j'y pense – 2. j'y tiens – 3. j'y participe – 4. j'y fais attention – 5. j'y regarde –
6. j'y suis attentif.

Ü2
Le bistrot
1. y, y – 2. y, y – 3. y, y – 4. y – 6. j'en, j'en – 8. j'en ai, n'en parlons pas –
9. on en parlera – 10. s'y réchauffer – 11. y passer – 13. il n'en reste plus –
14. j'en prends un – 15. allez – y, y.

37 **Ü1**
lui – y, le, lui en – l' – l', m', me, t' – te, me – le, lui, l', en – me, m', lui, me – lui, le.

Ü2
1. je vous la montre, prenez–la, essayez–la, elle vous va bien.
2. je vous le donne, essayez–le, redonnez–le–moi.
3. mettez–les, regardez–les, vous allez me les acheter.

Ü3
les – les – te les – les – les y – te les, me l' – la leur, en – te l', rends–la–leur –
la leur, me, me les – cherche–les, je te–les–y, range–les.

38 **Ü1**
1. porterait – 2. aurait – 3. viendrait – 4. parlerait – 5. promènerait – 6. sortirait –
7. fréquenterait – 8. aimerait – 9. devrait – 10. serait.

Ü2
1. seraient – 2. boiraient – 3. aimeraient – 4. seraient – 5. auraient – 6. man-
queraient – 7. dépenseraient – 8. iraient – 9. se prêterait – 10. n'accepteraient.

Ü3
1. j'aimerais/je voudrais – 2. pourriez/voudriez – 3. j'aimerais/je voudrais –
5. donneriez – 6. je dirais.

Ü4
1. il choisirait – 2. il trierait – 3. il réparerait – 4. il recollerait – 5. il rangerait –
6. il achèterait – 7. il s'installerait – 8. il admirerait.

39 **Ü1**
1. Si elle arrivait, je l'aiderais – 2. Si elle me souriait, je lui rendrais – 3. Si elle me
regardait, je baisserais – 4. Si je lui parlais, je bégaierais – 5. Si je la touchais,
je perdrais – 6. Si elle partait, je serais.

Ü2
1. avait – 2. s'appelait – 3. pleurait – 4. habitait – 5. mourait – 6. était – 7. dévorait –
8. parlaient – 9. était – 10. était – 11. je marcherais – 12. je garderais – 13. j'irais –
14. feraient.

174 *cent soixante-quatorze*

40

Ü1

M. Malin : qui – que – que – qui.
Mme Malin :   qui – que – que – qui.
la secrétaire : que – que – qui – qui.

Ü2

qui – où – qu' – qu' – dont – qui – ce qui – dont – Ce que – qui – dont – qui –
ce qui.

Ü3

ce que – dont – qui – qu' – qui – que – qu' – qu'.

41

Ü1

Le chef va te demander :
comment tu t'appelles – où tu habites – si tu es mariée – quel sport tu fais –
ce que tu veux occuper comme poste – si tu as de l'expérience – quelles sont tes
prétentions.

Ü2

Il m'a demandé
1. si j'avais passé mon bac. – 2. quelle étaient mes notes. – 3. ce que j'avais fait
après le bac. – 4. quelle formation professionnelle j'avais. – 5. si j'étais mariée. –
6. si j'avais des enfants. – 7. si j'avais de l'expérience dans mon métier. –
8. ce qui me plaisait dans mon métier.

Ü3

In jedem Leerraum muss « de » stehen, denn beim Befehl steht « de » + Infinitiv.

Ü4

1. avait, était – 2. était – 3. avais, sortais – 4. vivais – 5. avait, finirait – 6. harcelait –
7. inviterait, démissionnerait.

42

Ü1 + 3

que	je	tu	il/elle/on	nous	vous	ils/elles
dire	✗ dise	dises	dise	disions	disiez	disent
préparer	✗ prépare	prépares	prépare	préparions	prépariez	préparent
apporter	✗ apporte	apportes	apporte	apportions	apportiez	apportent
reposer	repose	✗ reposes	repose	reposions	reposiez	reposent
prendre	prenne	✗ prennes	prenne	prenions	preniez	prennent
aller	aille	ailles	✗ aille	allions	alliez	aillent
faire	fasse	✗ fasses	fasse	fassions	fassiez	fassent
devenir	devienne	deviennes	✗ devienne	devenions	deveniez	deviennent
acheter	achète	achètes	achète	✗ achetions	achetiez	achètent
apprendre	apprenne	apprennes	✗ apprenne	apprenions	appreniez	apprennent
comprendre	comprenne	✗ comprennes	comprenne	comprenions	compreniez	comprennent
avoir	aie	aies	✗ ait	ayons	ayez	aient
partir	parte	✗ partes	parte	partions	partiez	partent

cent soixante-quinze **175**

Ü2

que je te **dise** – que je te **prépare** – que je t'**apporte** – que tu te **reposes** – que tu **prennes** – qu'on **aille** – que tu **fasses** – qu'il **devienne** – que nous lui **achetions** – qu'il **apprenne** – que tu ne **comprennes** – qu'elle **ait** – que tu **partes**.

Ü4

1. que vous écoutiez – 2. que vous ne lui posiez pas – 3. que vous fassiez – 4. qu'elle ait – 5. qu'elle ait – 6. qu'elle vous demande, que vous consentiez – 7. qu'elle laisse, que vous les rangiez – 8. qu'elle vous propose – 9. vous vous disputiez , qu'elle vous tape – 10. qu'elle soit.

Ü5

la grammaire vous **sera** – que vous **ayez** fait – nach « espérer » steht **Futur**.

TEST 3

Ü 1

1. vas – profiteras – m'a manqué – a beaucoup travaillé – est terminé – n'a passé que – m'intéressaient – ai refait – l'ai peinte (!) – me suis souvent installée – suis allée voir– me suis promenée – étais – changera – écris – a – prendra – vient de me téléphoner – viens juste d'acheter – allons fêter – pourras – va être – pourrons – voulons – avons – étaient – fallait – faisions – préféraient – aimons – aimions – mènent – vivrons –voyagerons – irons – suivrons – intéressent – achèterons – passions.

Ü 2 + 3

la plus jolie – grand – vieux – plus hauts vraiment – belle – isolée – pleine directe-ment – belle – la plus grande – moins modernes – plus confortables – vieille – peints – petite – aménagée – meilleurs – énormes normalement – petite relativement – nouvelle malheureusement – moins jolie – nouveaux évidemment.

Stichwortverzeichnis

Die Zahlen in Klammern verweisen auf das/die entsprechende/n Kapitel.

A

à + geographischer Begriff (10)
à ce moment – passé composé (26)
à durch y ersetzt (36)
absolute Frage (8)
accord im passé composé bei
- avoir (23, 32)
- être (24)
- reflexiven Verben (15, 24)
acheter (5, 7)
Adjektiv
- besondere Formen (17)
- Bildung (16)
- Stellung (17)
- Superlativ des Adjektivs (30)
- Vergleich des Adjektivs (29)
admettre (11)
Adverb
- auf –ment (28)
- besondere Formen (28)
- Stellung (28)
- Superlativ des Adverbs (31)
- Vergleich des Adverbs (31)
aimer (5, 7)
aller
- Befehlsform (7)
- conditionnel (38)
- einfache Einfache Zukunft (22)
- futur proche (21)
- Imperfekt (25)
- Präsens (1)
- Stellung bei Pronomen (34)
- subjonctif (42)
annoncer (25)
appeler (5)
apprendre (11)
article partitif (14)
article défini (3)
article indéfini (3)
Artikel
- bestimmter und unbestimmter Artikel (3)
- in verneinten Sätzen (6)
- nach Mengenangaben (14)
- unbestimmter im Plural (3, 6, 14)
assez de (14)
aussitôt – passé composé (26)
autant de (31)
avancer (5)
avoir
- avoir + Alter (1)
- avoir honte – sich schämen (15)
- Befehlsform (13)
- conditionnel (38)
- Imperfekt (25)
- mit Objektpronomen (32, 34, 37)
- passé composé (23)
- Plusquamperfekt (27)
- Präsens (1)
- subjonctif (42)

B

beau(x), bel(le) (17)
beaucoup (14)
Bedingung – conditionnel(39)
Bedingungssätze mit si (39)
Befehlsform (7, 13, 15)
Beschreibung – imparfait (25)
Besonderheiten der Verben auf –er (5)
boire (11, 13)
bon – Adjektive (16, 17, 29, 30)
bondir (9)

C

ce, cet, cette, ces (18)
- c'est + Adjektiv + subjonctif (42)
- c'est, ce sont (6)
- ohne Teilungsartikel (14)
- Pronomen (2)
ce que, ce qu', ce qui
- indirekte Rede (41)
- Relativpronomen (40)
changer (15)
chanter (7)
chaque fois – imparfait (25)
chaque jour – imparfait (25)
chez - Ortspräpositionen (10)
choisir (9)
combien de (14)
commencer (5, 7)
comparatif – Vergleich (29, 31)
concevoir (12)
concordance des temps – indirekte Rede (41)
condition – Bedingung (39)
conditionnel présent (38)
- Bildung (38)
- Gebrauch (38, 39)
conduire (11)
connaître (11)
construire (11)
courir (9)
croire (11)

D

dans – Ortspräpositionen (10)
de
- + geographischer Begriff (10)
- durch en ersetzt (34, 37)
- im verneinten Satz (6)
- in der indirekten Rede (41)
- nach Mengenangaben (14)
de la/de l'
- + Ort (10)
- nach Superlativ (29, 30)
- Teilungsartikel (14)
d'habitude (25)
de temps en temps (26)
décevoir (12)
décrire (11)

cent soixante-dix-sept **177**

défaire (11)
Demonstrativbegleiter (18)
deren, dessen – Relativpronomen (40)
descendre (11)
devoir (12, 22, 37, 38)
dire (11)
direktes Objekt (32, 37)
- bei avoir im passé composé (23)
- beim reflexiven Verb im passé com
posé (24, 33)
divorcer (15)
dont – Relativpronomen (40)
discours indirect - indirekte Rede (41)
dormir (9)
d'où – Ortspräpositionen (10)
écrire (11)

E

en
- Ortspräpositionen (10)
- Pronomen (35, 37)
en ce moment – passé composé (25)
entendre (11)
entreprendre (11)
entrevoir (12)
Entscheidungsfrage (8)
envoyer (5, 22, 38)
épeler (5, 7)
espérer (5)
essayer (5)
essuyer (5)
est-ce que-Frage (8)
être
- Befehlsform(13)
- conditionnel (38)
- être en train de (21)
- einfache Zukunft (22)
- Imperfekt (25)
- passé composé (24)
- Plusquamperfekt (27)
- Präsens (1)
- subjonctif (42)

F

faire
- conditionnel (38)
- einfache Zukunft (22)
- Imperfekt (25)
- Präsens (11)
- subjonctif (42)
falloir
- conditionnel (38)
- einfache Zukunft (22)
- Imperfekt (25)
- Partizip (23)
- Präsens (12)
- subjonctif (41)
il faut – subjonctif (42)
finir (9, 13)
Frage (8)
futur proche (21)
- Objektpronomen beim futur proche (33, 34)
- Verneinung beim futur proche (21)
- futur simple – einfache Zukunft (22)

G

grandir (9)

H

Handlungskette – imparfait (26)
Hintergrund – imparfait (26)
Hypothesen – conditionnel (37, 38)

I

imparfait (25)
- andauernde, verlaufende Handlung (26)
- Bildung (25)
- Endungen (25)
- Gebrauch (26)
- gleichzeitig ablaufende Handlungen (26)
- Schilderung einer Situation (26)
- wiederholte (Gewohnheits-)
Handlungen (26)
Imperativ, impératif – Befehlsform (7, 13)
in + Ländernamen (10)
indefiniter Begleiter – tout (20)
indirekte Frage (41)
indirekte Rede (41)
- einleitendes Verb (41)
- Zeitenfolge (41)
interdire (11)
Intonationsfrage (8)
Inversionsfrage (8)

J

jamais (ne ... jamais) (6)
je (2)
jeter (5)

K

Komparativ – Vergleich (29, 30, 31)

L

Ländernamen (10)
la
- Artikel (3)
- beim passé composé (23, 24, 31)
- Objektpronomen (32, 37)
le
- Artikel (3)
- beim passé composé (23, 24, 31)
- Objektpronomen (32, 37)
les
- Artikel (3)
- beim passé composé (23, 24, 31)
- Objektpronomen (32, 37)
leur
- Objektpronomen (33, 37)
leur, leurs – Possessivpronomen (19)
loin de – Ortspräpositionen (10)
lui
- betontes Personalpronomen (2)
- Objektpronomen (33, 37)

M

ma (19)
mal (28, 31)
manger (5, 7)
mauvais (29, 30)
me
- Objektpronomen (32, 33, 37)

178 *cent soixante-dix-huit*

- me
  - Reflexivpronomen (15)
- meilleur (28)
- Mengenangaben (14)
- mener (5)
- mentir (9)
- mes (19)
- mettre (11)
- moi
  - betontes Personalpronomen (2)
  - Objektpronomen bei der Befehlsform (33, 37)
- moi aussi (2)
- moi non plus (2)
- moins de (31)
- mon (19)
- mourir (9)

N

- nager (5)
- ne ... pas (6)
  - Befehlsform (7, 23)
  - mit passé composé (23),
  - futur proche (22)
- ne ... pas de/d' (14)
- ne ... jamais (6)
- ne ... pas (6)
- ne ... pas de (14)
- ne ... pas encore (6)
- ne ... personne (6)
- ne ... plus (6)
- ne ... plus de /d' (14)
- ne ... rien (6)
- nos (19)
- notre (19)
- nous
  - Objektpronomen (32, 33, 37)
  - Personalpronomen (2)
  - Reflexivpronomen (15)
- nouveau(x), nouvel(le) (17)

O

- Objekt, direktes (33, 37)
- Objekt, indirektes (33, 37)
- où
  - als Fragewort (8)
  - als Relativpronomen (39)
- Objektpronomen
  - Befehlsform(36)
  - beim futur proche (32, 33)
  - direkte (32)
  - en (35)
  - indirekte (33)
  - me, te, se, nous, vous (34)
  - Stellung (37)
  - y (36)
- offrir (9)
- ouvrir (9)

P

- paraître (11)
- parler (5)
- participe passé
  - accord
  - Veränderlichkeit bei avoir (23, 32, 34, 37)
  - Veränderlichkeit bei être (24, 32, 34, 37)
- partir (9)
- pas de (6, 14)
- passé composé
  - Bildung (23, 24)
  - der reflexiven Verben (24)
  - einmalige, abgeschlossene Handlung (25)
  - im Relativsatz (39)
  - mit avoir (23)
  - mit être (24)
  - neu eintretende Handlung (25)
  - Verneinung (23, 24)
- passé récent (21)
- (un) peu de (14)
- payer (5)
- percevoir (12)
- placer (5)
- pleurer (7)
- pleuvoir (22, 25, 38, 42)
- plus de (31)
- plus ... que (29, 31)
- Possessivbegleiter (19)
- pourquoi (8)
- poursuivre (11)
- pouvoir (12, 22, 38, 42)
- Präpositionen
  - à + best. Artikel (10)
  - de + best. Artikel (10)
  - nach bestimmten Verben (33, 35, 36, 37)
  - Ortspräpositionen (10)
- préférer (5)
- prendre (11, 13)
- près de – Ortspräpositionen (10)
- présent progressif (21)
- prévoir (12)
- promettre (11)
- Pronomen
  - Demonstrativpronomen (18)
  - direktes Objektpronomen (32, 37)
  - en (35, 37)
  - indirektes Objektpronomen (33, 37)
  - Reflexivpronomen (15)
  - Relativpronomen (40)
  - unbetontes u. betontes Personalpronomen (2)
  - y (36, 37)

Q

- qu'est-ce que (8)
- quand (8)
- que, qu' – Relativpronomen (40)
- que
  - Fragewort (8)
  - indirekte Rede (41)
  - subjonctif (42)
- quelle(s), quel(s) (8)
- qui – Relativpronomen (40)

R

- Rahmenhandlung – imparfait (25)
- ralentir (9)
- recevoir (12, 22, 38)
- reconnaître (11)
- redire (11)
- réduire (11)
- refaire (11)
- réfléchit (9, 42)
- réflexive Verben (15)
  - im passé composé (24)
  - Reflexivpronomen (15)

regelmäßige Verben
- auf –er (5, 7)
- auf –ir (9, 13)
- unregelmäßige Verben (1, 5, 7, 9, 11, 12, 13)
- im passé composé (24)
Relativpronomen (40)
Relativsatz (40)
rendre (11)
répéter (5, 7)
répondre (11)
revenir - s. venir (9)
revivre (11)
rien, ne ... rien (6)
rire (11)
rougir (9)

S

s'asseoir (12, 13)
savoir (12, 13, 22, 38, 42)
se – Reflexivpronomen (15)
sécher (5)
se coucher (15)
se dépêcher (15)
s'endormir (15)
se laver (15, 24)
- mit direktem Objekt im passé composé (24)
se lever (15)
se marier (15)
se promener (15)
se reposer (15)
se réveiller (15)
se souvenir (15)
sentir (9)
servir (9)
ses (19)
si
- im Bedingungssatz (39)
- in der indirekten Rede (41)
Signalwörter
- zur Unterscheidung zwischen passé composé und imparfait (26)
son (19)
sortir (9)
soumettre (11)
sourire (11)
sous – Ortspräpositionen (10)
souvent – imparfait (26)
Stellung der Pronomen (37)
subjonctif (42)
suivre (11)
Superlativ (30, 31)
Superlativ Nomen (31)
sur – Ortspräpositionen (10)
surprendre (11)
survivre (11)

T

te
- Reflexivpronomen (15)
- Objektpronomen (34, 37)
Teilfrage (8)
Teilungsartikel (14)
tendre (11)
tenir (9, 13, 22, 38)
tes (19)
ton (19)

toujours – imparfait (26)
tous les après-midi – imparfait (26)
tout à coup – passé composé (26)
tout le monde (20)
tout(e)(s) (20)
toute la journée – imparfait (26)
trop de (14)

U

unbestimmter Artikel (3)
un jour – passé composé (26)
une fois – passé composé (26)
un kilo de (14)
un litre de (14)
unregelmäßige Verben (5, 7, 9, 11, 12, 13)

V

vendre (13)
venir (9, 10, 21, 22, 38)
- venir de – Ort (10)
- venir de – passé récent (21)
- conditionnel (38)
Veränderlichkeit (accord) des participe passé (23, 24, 32, 37)
Verb
- Verben auf –er (5, 7)
- Verben auf –ir (9,13)
- Verben auf –re (11, 13)
- Verben auf oir (12, 13)
Verneinung (6)
- bei être (6)
- beim passé composé (23, 24)
- mit Objektpronomen (32, 33, 34, 35, 36, 37)
- verneinter Befehlsform (7, 13)
vieux, vieil/le (17)
vivre (11)
voir (12, 22, 38)
vos (19)
votre (19)
vouloir (12, 13, 22, 38, 42)
vous
- als Personalpronomen (2)
- als Reflexivpronomen (15)
voyager (5, 25)

W

werden - futur (21, 22)

Y

y (36, 37)

Z

Zukunft – futur proche, futur simple (21, 22)